카페 Vegan 메뉴 101

음료와
브런치
그리고 디저트

메뉴 꽃사미로 최태석 셰프

수작걸다

How to make the Vegan menu?

: 비건 카페를 시작했습니다

최근 비건 카페를 찾는 이들이 많아졌습니다. 여러 프렌차이즈 카페에서도
비건 메뉴를 하나둘 선보이고 있죠. 아직까지 비건 카페를 그저 웰빙 카페나
채식 카페의 또 다른 버전 쯤으로 생각하는 이들도 적지 않지만, 비건 메뉴를
시작한다는 건 사뭇 다른 준비가 필요합니다. 비건의 삶을 살고 있는 이들과의
약속, 그들의 라이프 스타일을 지키겠다는 약속이기 때문입니다.

비건 카페… 무엇이 다를까요? 재료의 차이입니다. 비건 카페에서는 동물성
재료를 사용하지 않습니다. 우유, 치즈, 유지방, 버터, 육가공품 등은 전혀 취급하지
않죠. 모든 재료들이 비건식인지 꼼꼼히 살펴야 하기에 그만큼 재료 선정에 공이
듭니다. 그리하여 좋은 재료, 건강한 재료로 메뉴를 만들며, 이를 알고 즐긴다는
점이 가장 큰 차이입니다. 농부 직거래를 통한 농부실명제도 그 방법 중 하나죠.

맛에 있어서는 편견이 없어야 합니다. 비건, 논비건 구분 없이 '건강하고 맛있는'
메뉴여야 하죠. 음료부터 브런치, 디저트까지 모든 메뉴를 비건식으로 하되,
'비건 카페 메뉴' 또한 맛있어야 합니다. 유제품을 사용하지 않는 대신 대체
재료를 찾고 조합해 그에 못지않은 맛의 변화를 만들어냅니다. 우유 없이 두유와
코코넛밀크만으로도 맛있는 라떼를 만들 수 있습니다.

화려함 대신 기본에 충실합니다. 너무 화려하지 않은 비주얼을 추구하는 것도
비건 카페 메뉴의 특징입니다. 자연 그대로의 소박한 비주얼을 추구합니다. 화려한
장식보다는 기본 맛에 충실한 것 또한 비건 카페 메뉴의 핵심입니다.

Recipe Guide

① 책 속 모든 메뉴는 100% 비건 재료로 만들었습니다.
② 두유는 100% 무첨가 두유를 사용합니다.
③ 전분은 고구마전분을 기본으로 합니다.

카페 Vegan 메뉴 101

DRINK

BRUNCH

DESSERT

CHANGE

Milk

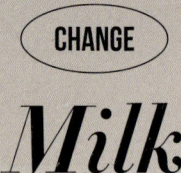

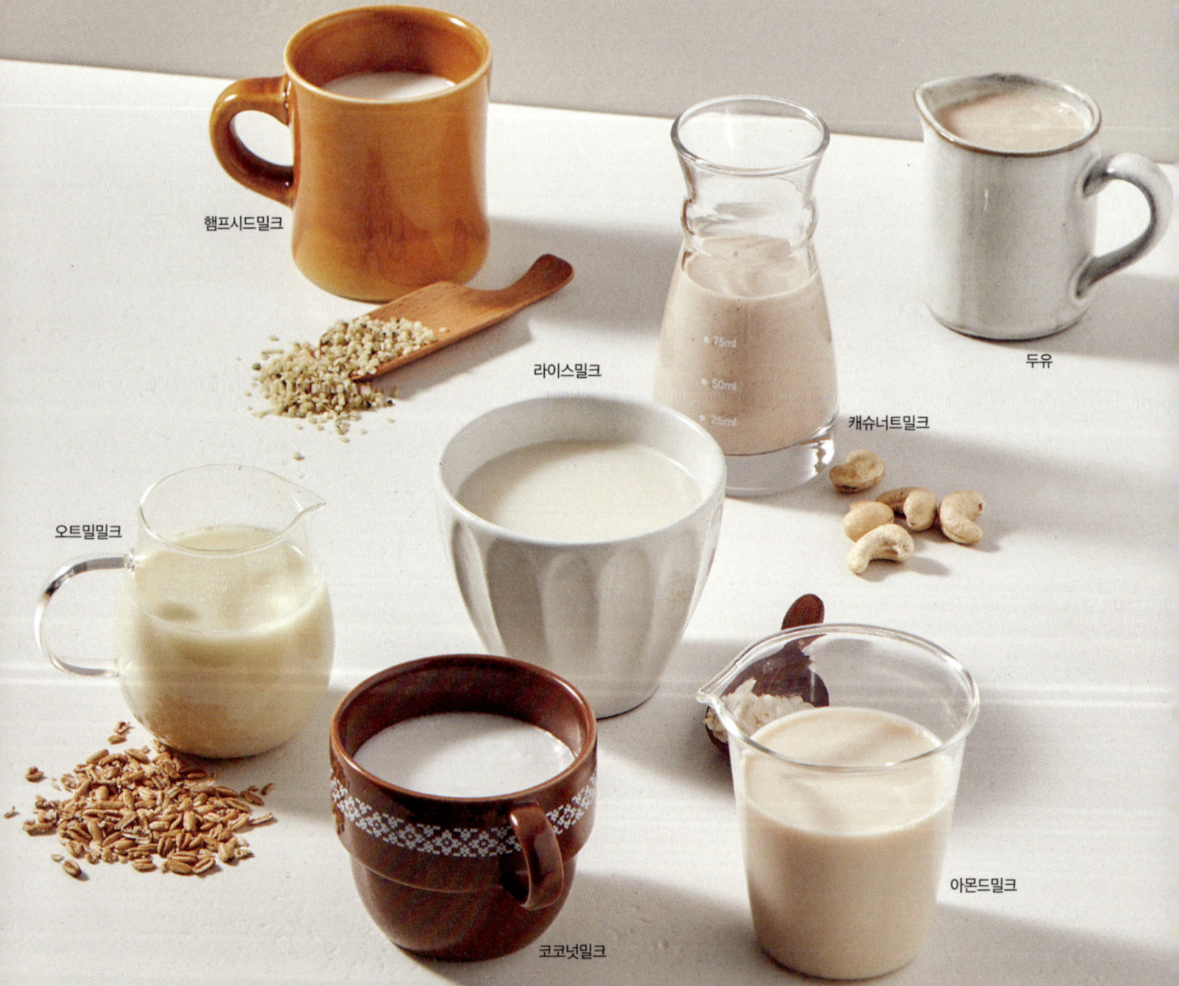
햄프시드밀크
라이스밀크
두유
캐슈너트밀크
오트밀밀크
아몬드밀크
코코넛밀크

카페 메뉴의 필수재료인 우유, 비건 카페에서는 사용하지 않습니다.
대신 대중적인 우유의 맛은 대체 밀크를 사용해 만들죠. 두유와
코코넛밀크를 8:2 비율로 넣어 우유의 맛을 냅니다. 그밖에 다양한
대체 밀크를 소개합니다.

두유　　풍부한 단백질의 두유는 커피 메뉴에 즐겨 사용합니다. 두유의 담백하면서도 묵직한 맛이 커피와 어우러져 깊은 맛을 내주죠. 다만 두유가 묵직한 편이라 뻑뻑하거나 무거운 재료와의 매칭은 피하는 게 좋아요. 곡물 베이스의 재료가 들어가는 음료에 특히 잘 어울리며, 100% 무첨가 두유를 사용합니다.

코코넛밀크　　야자과인 코코넛열매에서 추출한 코코넛밀크는 새하얀 컬러로 생크림을 만들 때 즐겨 사용합니다. 특유의 향이 강해 보통 다른 재료와 섞어 쓰죠. 패션프루트처럼 향이 강한 식재료와는 매칭을 피해요. 허니트리 비코 리치 제품을 이용합니다.

오트밀크　　10대 슈퍼푸드 중 하나인 귀리로 만든 우유입니다. 그대로 마셔도 부담 없고 다른 재료와 섞어도 잘 어울리죠. 카페 메뉴용 오트밀크는 반드시 '바리스타용 오트밀크'를 사용합니다. 그래야 음료 작업 시 거품이 만들어져요. 일반 오트밀크는 거품이 잘 올라오지 않아요. 오틀리 바리스타용 제품을 사용합니다.

아몬드밀크　　최근 다이어트 음료로도 각광을 받고 있는 대체 밀크입니다. 영양학적으로 우수할 뿐더러 맛도 고소하고 진해 인기가 많죠. 다만 가격이 높은 편이라 카페에서는 즐겨 사용하기가 어렵습니다. 일반적으로 단맛이 첨가되어 있으니 반드시 무설탕인지 확인하고 구입해야 합니다.

라이스밀크　　견과류 알레르기가 있는 분들에게 권하는 대체 밀크입니다. 미유 또는 쌀밀크로도 불리는데, 쌀뜨물처럼 약간 밍밍하면서도 은은한 단맛이 느껴져요.

캐슈너트밀크&햄프시드밀크　　캐슈너트밀크는 고소한 맛으로 다양한 재료와 잘 섞입니다. 지방, 단백질, 비타민B1 등 영양가도 풍부하죠. 햄프시드밀크는 탄수화물 없이 채식으로 얻기 힘든 영양성분이 들어 있어 인기가 높습니다. 미숫가루처럼 생식으로 즐기거나 묵직한 맛의 두유 대체용으로 사용합니다.

CHANGE

Butter&Cream

컬러 코코넛크림

수제 비건 버터

수제 코코넛크림

컬러 코코넛크림

컬러 코코넛크림

브런치와 디저트 메뉴에 자주 쓰는 버터와 크림도 비건식으로
체인지합니다. 시판 제품도 있지만 '꽃사미로'에서는 가능한 직접
만들어 씁니다. 우유를 전혀 사용하지 않고 만든 비건 버터는 논비건
버터에 비해 느끼함이 덜하죠. 특히 비건 버터크림은 열에 잘 녹는
특성이 있으니 사용 시 주의합니다.

비건 버터　　　캐슈너트와 현미유로 만든 버터입니다. 빵을 만들 때 사용하는데 식
감이 부드러워지고 표면에 갈색빛이 나게 돕죠. 논비건 버터에 비해 덜 고소한 반면
느끼함 없이 깔끔한 맛이 납니다. 냉장보관을 기본으로, 한 달간 냉동보관도 가능합
니다.

비건 버터크림　　　비건 버터에 유기농 원당을 휘핑해 만듭니다. 열에 잘 녹는 성질
로 주로 머핀, 케이크 등의 장식용으로 사용하죠. 천연색소인 청치자가루, 비트가루
등과 섞으면 다양한 컬러로도 변신 가능합니다. 쫀쫀하지만 다소 기름지니 적당량
만 사용해요.

두부크림　　　비건 버터크림에 비해 쉽게 녹지는 않지만 두부의 맛으로 호불호가 나
뉘는 크림입니다. 단독 사용보다는 카카오파우더를 섞어 초코크림으로 만들어 씁니
다. 머핀, 브라우니, 파운드 등의 디저트 메뉴에 토핑해요.

코코넛크림　　　코코넛밀크와 유기농 원당으로 만들어 가볍고 부드럽습니다. 주로
음료 메뉴에 휘핑크림처럼 사용하는데, 다양한 천연 색소와 섞어 여러 컬러로 만들
어 씁니다. 코코넛밀크에 유기농 원당을 섞을 때 다른 향의 시럽을 가미하면 향도 바
꿀 수 있어요.

컬러 코코넛크림　　　코코넛크림에 천연 색소를 섞어 컬러풀한 크림을 만듭니다. 청
치자가루와 녹차가루를 조합하면 민트크림이, 딸기가루를 섞으면 핑크크림이, 단호
박이나 치자가루를 더하면 옐로크림이 만들어져요. 민트크림에는 민트시럽을, 딸기
크림에는 딸기시럽을 함께 넣으면 향과 색이 하나가 됩니다.

CHANGE

Cheese

비건 슬라이스 치즈

수제 비건 크림치즈

하드타입 비건 치즈

세이베 슬라이스 치즈

비건 슬라이스 치즈

비건 모짜렐라치즈

유제품에 해당하는 치즈도 비건식으로 바꿔야 합니다. 주로 기본 치즈와 크림치즈는 직접 만들어 사용하고, 슬라이스 치즈와 하드타입 치즈는 시판 제품을 이용합니다. 맛과 질감에 있어 대부분의 비건 치즈는 논비건 치즈에 비해 덜 느끼하고, 덜 늘어납니다. 리치한 풍미를 원할 때 브런치나 빵 메뉴에 사용해요.

비건 치즈 우유를 이용해서 만드는 논비건 치즈와 달리 비건 치즈는 유제품이 일절 들어가지 않습니다. 대신 코코넛오일과 치즈향을 첨가해 사람들이 생각하는 치즈의 느낌을 만들죠. 다양한 요리에서 사용 가능해요.

비건 크림치즈 캐슈너트를 주재료로 만든 치즈로, 빵이나 샐러드 등에 즐겨 사용합니다. 물에 3시간 불린 캐슈너트에 코코넛밀크, 레몬즙, 소금을 곱게 갈아 크림치즈의 질감을 내죠. 견과류 알레르기가 있다면 피해주세요.

비건 슬라이스 치즈 치즈와 비슷하면서 더 깔끔한 맛입니다. 버거나 샌드위치 같은 브런치 메뉴에 즐겨 사용해요. 빵 위에 올려 165℃의 오븐에서 3~4분간 구우면 더 맛있게 즐길 수 있습니다. 오랫동안 열을 가하면 치즈의 수분이 날아가면서 마치 과자처럼 파삭해지므로 주의합니다. 베지가든 제품을 즐겨 사용해요.

비건 모짜렐라치즈 비건 치즈에 천연 증점제 재료를 넣어 만듭니다. 논비건 모짜렐라치즈처럼 쭉쭉 늘어나지는 않죠. 피자 종류를 만들 때 사용하며, 치즈의 수분이 날아가지 않도록 오랜 시간 가열은 피해요.

하드타입 비건 치즈 시판 제품 중에는 다양한 맛의 비건 치즈가 많습니다. 즐겨쓰는 세이베 하드타입 치즈는 주재료인 병아리콩과 코코넛오일에 칠리, 블랙페퍼, 월넛, 트러플 등을 더해 맛과 향이 강하지요. 메뉴에 포인트를 주기 안성맞춤입니다. 그레이터에 갈아 파마산치즈처럼도 사용해요.

CHANGE

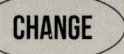

Sauce

비건 머스터드소스
비건 마요네즈
바질페스토
과카몰리
토마토케첩
비건 간장소스
비건 사워크림

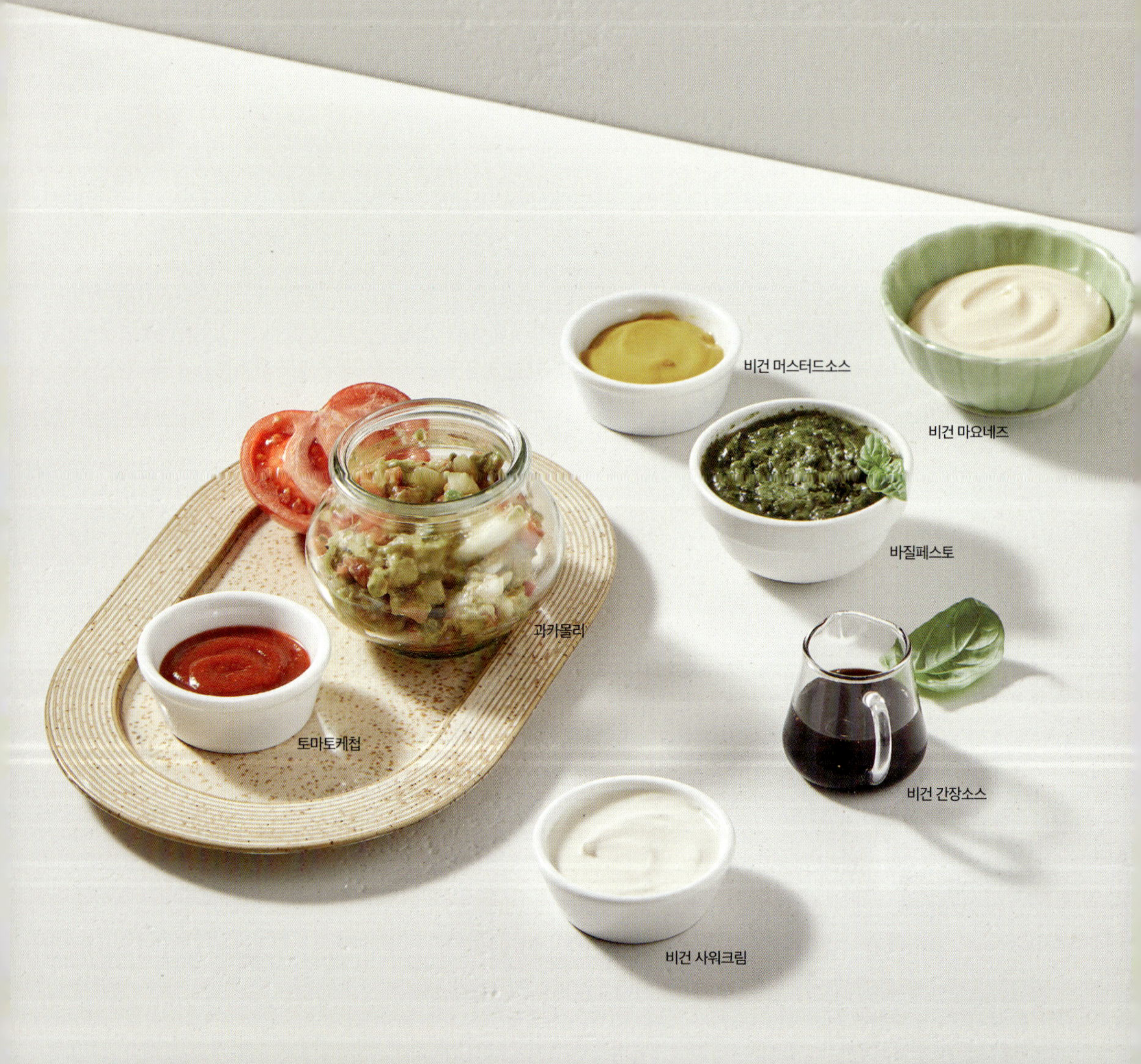

비건 카페 메뉴에 사용하는 소스는 최대한 샘플해야 합니다. 소스의 맛과 향이
강하지 않아야 채소 본연의 맛을 살려주죠. 소스를 만드는 재료 역시 채소
베이스인 것도 포인트입니다. 카페 메뉴에서 활약하는 다양한 소스를 소개합니다.

비건 마요네즈　우유와 달걀 없이 두유로 만든 마요네즈입니다. 논비건 마요네즈와 비교해 맛의 차이가 없죠. 오히려 더 깔끔한 맛이 납니다. 브런치 메뉴에서 많이 쓰이며, 어떤 빵과도 어울려 버거나 샌드위치, 토르티야 등에 사용합니다.

비건 머스터드소스　비건 마요네즈로 만드는데, 수제의 경우 시판 제품보다 단맛이 덜해 많은 양을 넣으면 더 맵게 느껴집니다. 샌드위치나 버거에 맛을 더할 때 사용하며, 샐러드와 곁들이면 맛의 포인트를 줄 수 있습니다. 시판 제품은 French's 머스터드를 사용해요.

비건 간장소스　새콤달콤한 맛으로 오리엔탈소스처럼 자주 사용합니다. 샌드위치용 버섯볶음이나 두부조림을 할 때 쓰죠. 비건 간장소스에 볶은 버섯은 아주 인기가 좋습니다. 칼로리가 걱정된다면 소스 속 유기농 원당의 양을 줄여요.

스리라차소스　'핫소스'로도 불리는 스리라차소스는 채소를 볶을 때 넣으면 중화요리의 불맛이 납니다. 소스 자체 칼로리가 낮아 다이어트용 샐러드에 살짝 곁들여도 좋아요. 직접 만들어 쓰거나 후이펑 닭표 스리라차 제품을 이용합니다.

비거트　비건 요구르트의 줄임말인 '비거트'는 우유 대신 두유와 코코넛밀크로 만듭니다. 카페 메뉴에서 활용도가 높아 미리 만들어두고 과일이나 잼, 콩포트와 곁들여 크림 용도로도 사용하죠. 비거트에 비건 마요네즈와 레몬즙을 섞은 비거트소스는 드레싱용으로 제격입니다.

연두부　빵을 만들 때 연두부를 사용하면 촉촉함이 오래도록 유지되도록 도와줍니다. 주로 디저트 파트에서 파운드케이크나 머핀을 만들 때 달걀흰자 대용으로 사용해요.

과카몰리　비건 브런치 메뉴에서 즐겨 사용하는 소스입니다. 아보카도를 으깨어 양파, 토마토 등과 섞어 만들죠. 이때 레몬을 넣으면 아보카도의 갈변을 늦춥니다. 강한 맛의 음식에 곁들이기 좋아요.

바질페스토　바질페스토는 손쉽게 구할 수 있지만, 시판용에는 분유를 넣는 경우가 있어 직접 만들어 사용합니다. 소스용으로 사용하는 바질페스토는 바질과 마늘, 올리브, 소금만 넣고 심플하게 만듭니다.

CHANGE

Bread

비건 홍국쌀식빵

비건 식빵

깜빠뉴

포두부

면두부

비건 모닝빵

치아바타

비건 빵은 밀가루, 쌀가루를 베이스로 버터와 달걀 등의 유제품 없이 만들죠. 바게트, 치아바타, 포카치아처럼 유제품이 들어가지 않는 베이식한 빵을 즐겨 사용합니다. 최근에는 밀가루 대체식으로 포두부나 두부면 같은 재료의 활용도 늘고 있어요. 토르티야 대신 포두부를 쓰기도 해요.

바게트 밀가루, 물, 소금, 효모로 만드는 빵의 정석입니다. 겉은 바삭하고 속은 촉촉하죠. 보통은 2~3cm 두께로 썰어 잼이나 콩포트 또는 수프와 곁들입니다. 바게트 슬라이스에 마늘페이스트를 발라 구우면 맛있는 비건 마늘빵이 완성됩니다.

포카치아 이스트를 넣고 납작하게 굽는 빵입니다. 쫄깃한 식감으로 브런치 메뉴에 즐겨 사용하죠. 두툼하게 구워 식빵처럼 썰면 샌드위치용 빵으로 안성맞춤입니다. 식전빵으로 간단히 먹기 좋고, 올리브가 들어가는 메뉴와도 잘 어울려요.

치아바타 어떤 재료와도 무난하게 어울리는 담백한 맛입니다. 밀가루, 이스트, 소금, 유기농 원당, 올리브유, 따뜻한 물로 만들죠. 반 갈라 속재료를 넣고 팬에 굽는 파니니용으로 즐겨 사용해요. 버터와 팥앙금을 넣은 앙버터샌드위치용 빵으로도 좋습니다.

비건 식빵 샌드위치나 롤은 물론 다양한 빵 메뉴의 기본 재료로 활용합니다. 우유, 버터, 달걀을 넣지 않고 만들어 담백하고 쫄깃하죠. 홍국쌀가루처럼 색이 있는 가루를 반죽에 추가해 구우면 컬러풀한 식빵을 맛볼 수 있어요.

깜빠뉴 바게트와 비슷한 비주얼로, 투박하고 단단한 겉과 쫄깃한 식감이 특징입니다. 천연 발효종을 섞어 만드는데, 단맛 없이 오일도 최소한의 양만 넣고 만들어 더욱 담백하죠. 2~3cm 두께로 썰어 오픈 샌드위치를 만들 때 즐겨 사용합니다.

비건 모닝빵 가볍게 먹기 좋은 빵입니다. 그대로 잼이나 버터, 크림치즈 등을 바르거나 미니버거용으로 많이 사용하죠. 반죽에 천연 컬러가루를 섞으면 컬러풀한 모닝빵을 구울 수 있어요.

포두부&면두부 콩을 베이스로 만든 가공품으로 포도부는 토르티야 대용으로, 면두부는 각종 면 대체용으로 사용합니다. 카페에서는 주로 부리또에 포두부를 활용해요. 면두부는 파스타나 볶음요리에 자주 이용합니다. 밀가루처럼 부대끼는 느낌이 없어요.

(MAKE)

Vegan Butter

비건 카페 메뉴에서 가장 많이 쓰는 기본 베이스입니다. 논비건 버터에 비해
느끼함이 적은 반면 고소함도 덜해 다소 밋밋하다고 느끼기 쉽죠. 디저트나
브런치 메뉴는 물론 토스트나 샌드위치 등 빵을 굽는 단계에서 자주 활용합니다.
냉동보관한 비건 버터는 반드시 실온해동 후 사용하세요.

비건 버터 *465g 분량 / 냉장 4일 / 냉동 1개월*

ASSEMBLE

코코넛오일 175ml, 두유 100ml, 코코넛밀크 90ml, 아몬드가루 40g,
레몬즙 20ml, 죽염·뉴트리셔널 이스트 5g씩, 현미유 30ml

RECIPE

1   믹서에 코코넛오일을 제외한 모든 재료를 넣는다.
2   ②에 액체화된 코코넛오일을 조금씩 넣어가며 농도를 조절한다.
3   크리미한 상태가 되도록 곱게 간다.
4   완성한 비건 버터는 밀폐용기에 소분해 냉장 또는 냉동보관한다.

TIP | **코코넛오일과 코코넛밀크는 완전히 녹여 사용해요.**

코코넛오일은 24℃를 기준으로 응고되거나 녹습니다. 반드시
액체화시켜 사용하세요. 코코넛오일의 성분이 함유된 코코넛밀크도
100% 액체 상태일 때 사용해야 완성 시 버터의 모양이 잡혀요.

Vegan Cream Cheese

캐슈너트와 코코넛밀크, 레몬즙, 소금으로 만드는 비건 크림치즈입니다. 우유를 넣지 않아 논비건 크림치즈에 비해 맛이 담백하죠. 모든 재료를 믹서에 넣고 최대한 곱게 갈아야 매끈하게 만들어집니다. 스콘이나 빵의 속재료나 샐러드의 메인 또는 토핑 재료로 활용해요.

비건 크림치즈 605g 분량 / 냉장 4일 / 냉동 1개월

ASSEMBLE

캐슈너트 400g, 코코넛밀크 140ml, 레몬즙 60ml, 죽염 6g

RECIPE

1 캐슈너트는 깨끗이 씻어 3시간 정도 물에 불린다.
2 레몬은 사용하기 직전에 반 잘라 스퀘어를 이용해 즙을 낸다.
3 모든 재료를 믹서에 넣고 최대한 곱게 갈아준다.
4 완성한 비건 크림치즈는 밀폐용기에 소분해 냉장 또는 냉동보관한다.

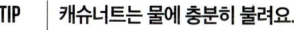

TIP | **캐슈너트는 물에 충분히 불려요.**
견과류인 캐슈너트는 충분히 불린 후에 갈아야 매끈한 크림치즈의 질감이 나와요. 재료를 모두 믹서에 넣고 스푼으로 저어가며 갈면 더욱 잘 갈려요.

(MAKE)

Vegan Mayonnaise

두유로 만들어 고소하고 담백한 비건 마요네즈입니다. 마요네즈를 만들 때는
핸드믹서를 사용해야 재료가 더욱 잘 섞여요. 브런치 메뉴의 기본소스로 많이
사용하며, 매운맛은 중화시켜주고 단맛은 더 깊게 만들어줍니다.

비건 마요네즈 *480g 분량 / 냉장 1개월*

ASSEMBLE

두유 200ml, 현미유 175ml, 유기농 원당 50g, 3배 식초 50ml, 소금 4g

RECIPE

1   현미유를 제외한 재료를 핸드믹서로 곱게 간다.
2   분량의 현미유를 따로 준비한다.
3   곱게 갈린 ①에 현미유를 조금씩 넣어가며 섞는다.
4   핸드믹서로 걸쭉해지도록 한 번 더 갈아 완성한다.

TIP **비건 와사비마요네즈로도 즐겨요.**

기본 마요네즈에 와사비를 섞으면 알싸한 와사비마요네즈가 되죠.
비건 마요네즈 250g 기준, 와사비는 40g이 적당해요. 버거나
샌드위치 소스로 사용하기 좋아요.

MAKE

Coconut Cream

비건식 휘핑크림인 코코넛크림입니다. 오직 코코넛밀크와 유기농 원당으로만 만들죠. 달달한
생크림을 원한다면 유기농 원당의 양을 조금 늘려주세요. 코코넛밀크는 지방층이 분리되도록
하루 전에 냉장실에 두었다가 사용합니다. 완성한 코코넛크림은 당일 소진이 기본입니다.
냉동실에 20분 정도 두었다가 사용하면 모양이 잘 잡혀요.

코코넛크림 *150g 분량 / 당일*

ASSEMBLE

냉장 코코넛밀크 500㎖, 유기농 원당 10g

RECIPE

1   냉장 코코넛밀크는 종이팩 윗부분만 자른 뒤 분리되어 있는 지방층만
    숟가락을 떠낸다.
2   ①에 유기농 원당을 섞는다.
3   휘핑기로 쫀쫀한 크림제형이 되도록 휘핑한다.
4   완성한 크림은 바로 사용하거나 차갑게 만들어 사용한다.

TIP | **코코넛밀크의 성분표를 확인해요.**
코코넛밀크 구입 시에는 반드시 '잔탄검' 성분이 있는지 체크하세요.
잔탄검 성분이 들어 있어야 코코넛밀크를 휘핑했을 때 크림이 올라와
코코넛크림을 만들 수 있어요.

DRINK

☐ COFFEE   ☐ MILK-TEA   ☐ MILK / JUICE / ADE   ☐ SMOOTHIE   ☐ ICE FLAKES

카페 하면 커피와 라떼 같은 음료부터 떠오르죠. 비건 카페의 풍경도 그닥 다르지 않습니다. 다만 재료 선정에 더욱 신경을 쓰지요. 우유 대신 두유와 코코넛밀크를, 동물성 크림 대신 두부와 코코넛으로 만든 식물성 크림을 사용합니다. 다양한 식물성 재료로 만든 비건 카페 음료를 소개합니다.

- ☑ **COFFEE**
- ☐ **MILK-TEA**
- ☐ **MILK / JUICE / ADE**
- ☐ **SMOOTHIE**
- ☐ **ICE FLAKES**

설화산의 전설 *Cool*

눈 덮인 산을 바라본 적이 있나요? 차가운 크림 위에 반짝이는 소금이
설화산을 떠올리게 합니다. 짭짤한 소금과 달콤한 크림이 만나 단짠의 조화를
이루고 에스프레소가 그 맛을 완성합니다. 한 모금 그대로 즐기고, 반 정도
남았을 때 크림과 섞어 드세요.

ASSEMBLE

Coffee Base	에스프레소 60ml
Liquid	얼음 2/3컵
Syrup	바닐라시럽 참고 P 252 25ml
Garnish	코코넛크림 참고 P 026 100g, 소금 1g

RECIPE

1   에스프레소 60ml를 추출한다.

2   추출한 에스프레소에 바닐라시럽을 섞는다.

3   칵테일 셰이커에 얼음을 채우고 ②를 부어 흔들어 섞는다.

4   준비한 잔에 ③을 붓는다.

5   코코넛크림을 두툼하게 올린 후 소금을 살짝 뿌려 마무리한다.

TIP

비건 빵과 어울리는 원두 선택법

유제품을 넣지 않고 만드는 비건 빵에는 노멀한 원두를 매칭해요.
향이 너무 강하지 않고 바디감이 있는 원두가 잘 어울려요.

☑ COFFEE
☐ MILK-TEA
☐ MILK / JUICE / ADE
☐ SMOOTHIE
☐ ICE FLAKES

비건콩커피 *Cool*

베트남에서 유명한 코코넛커피의 비건 버전입니다. 연유 대신 바닐라시럽으로 달달한 맛을 냈죠. 에스프레소와 코코넛밀크의 향이 어우러져 이국적인 느낌이 듭니다. 쉐이크 같은 질감의 음료예요.

ASSEMBLE

Coffee Base	에스프레소 30ml
Liquid	코코넛밀크 90ml, 얼음 1컵
Syrup	바닐라시럽 참고 P 252 80ml

RECIPE

1　믹서에 코코넛밀크, 얼음, 바닐라시럽을 넣고 쉐이크 질감이 되도록 곱게 간다.

2　에스프레소 30ml를 추출한다.

3　준비한 잔에 ①을 담고 추출한 에스프레소를 붓는다.

TIP

재료는 최대한 곱게 갈아요.

코코넛밀크와 얼음, 바닐라시럽을 믹서에 한 번에 넣고 갈 때는 최대한 곱게 갈아요. 그래야 에스프레소를 부었을 때 맛과 향이 잘 어우러져요.

☑ COFFEE
☐ MILK-TEA
☐ MILK / JUICE / ADE
☐ SMOOTHIE
☐ ICE FLAKES

비건샷커피 *Cool*

'샤케라또'라고 불리는 이탈리아식 커피입니다. 칵테일 셰이커에 에스프레소,
얼음, 시럽을 넣고 흔들면 풍성한 거품의 달콤쌉싸름한 커피가 완성되죠.
마시기 직전에 카카오파우더를 뿌려도 맛있어요.

ASSEMBLE

Coffee Base	에스프레소 40ml
Liquid	얼음 1컵
Syrup	시럽 30ml

RECIPE

1   에스프레소 40ml를 추출한다.
2   추출한 에스프레소에 시럽을 섞는다.
3   칵테일 셰이커에 얼음을 채우고 ②를 부어 흔들어 섞는다.
4   준비한 잔에 부어 완성한다.

TIP

칵테일 셰이커는 충분히 흔들어요.

칵테일 셰이커에 에스프레소와 얼음, 시럽을 넣고 충분히
흔들어야 음료를 마실 때 부드러운 거품 맛을 느낄 수 있어요.

- ☑ COFFEE
- ☐ MILK-TEA
- ☐ MILK / JUICE / ADE
- ☐ SMOOTHIE
- ☐ ICE FLAKES

레드향 카푸치노 *Cool*

달달한 레드향과 에스프레소는 의외로 잘 어울리죠. 레드향이 없다면
시트러스 과일 중에 달콤한 귤이나 오렌지로 대체해도 좋아요. 레드향이
음료에 잘 섞이도록 곱게 갈아주세요.

ASSEMBLE

Coffee Base	에스프레소 40ml
Liquid	오트밀크 100ml, 코코넛밀크 35ml, 얼음 2/3컵
Syrup	레드향 80g, 시럽 15ml
Garnish	레드향 제스트·허브잎 약간씩

RECIPE

1 레드향은 껍질을 벗겨 사방 1cm 크기로 자른다.

2 믹서에 레드향 1/2 분량과 오트밀크, 코코넛밀크, 시럽을 넣어
   최대한 곱게 간다.

3 에스프레소 40ml를 추출한다.

4 준비한 잔에 ①의 남은 레드향을 넣고 얼음을 채운다.

5 ②를 붓고 추출한 에스프레소를 차례로 붓는다.

6 레드향 껍질을 깨끗이 씻어 강판에 갈아 제스트를 내려 음료 위에
   뿌리고 허브잎으로 장식한다.

TIP

레드향은 과육만 사용해요.

레드향은 과육이 보이는 부분까지 칼로 잘라내고, 속껍질과
과육 사이에 칼집을 내어 과육만 삼각형으로 잘라 빼요.

- ☑ COFFEE
- ☐ MILK-TEA
- ☐ MILK / JUICE / ADE
- ☐ SMOOTHIE
- ☐ ICE FLAKES

아이스카페비엔나 *Cool*

'비엔나에는 비엔나커피가 없다' 는 말이 있죠. 이 커피의 원래 명칭은 '아인슈페너'입니다. 진한 라떼 위에 크림을 듬뿍 올려 한모금 넘기면 크림 뒤에 에스프레소의 진한 맛이 따라오죠. 코코넛크림을 만들 때 부드럽게 휘핑하는 게 포인트입니다.

ASSEMBLE

Coffee Base	에스프레소 60ml
Liquid	오트밀밀크 150ml, 얼음 2/3컵
Syrup	시럽 30ml
Garnish	코코넛크림 참고 P 026 100g, 카카오파우더 약간

RECIPE

1 에스프레소 60ml를 추출한다.

2 추출한 에스프레소에 시럽을 섞는다.

3 준비한 잔에 얼음을 채운 뒤 오트밀밀크를 붓는다.

4 ②를 조심히 붓고 코코넛크림을 풍성하게 올린다.

5 음료 위에 카카오파우더를 소복이 뿌려 완성한다.

기본 시럽 만들기 500ml 분량

재료 유기농 원당 300g, 물 250ml

냄비에 유기농 원당과 물을 넣고 센불에 올린다. 끓기 시작하면 약불로 낮춰 유기농 원당이 녹을 때까지 졸인다. 이때 시럽을 저으면 결정이 생길 수 있으니 그대로 졸여 불을 끄고 한김 식혀 사용한다.

- ☑ **COFFEE**
- ☐ **MILK-TEA**
- ☐ **MILK / JUICE / ADE**
- ☐ **SMOOTHIE**
- ☐ **ICE FLAKES**

단호한가베 *Cool*

단호박의 달콤하고 묵직한 맛에 쌉싸름한 커피를 추가한 메뉴예요.
약간 되직한 질감이라 지름이 넓은 빨대나 티스푼으로 즐겨요. 한끼
식사 대용으로도 충분합니다.

ASSEMBLE

Coffee Base	에스프레소 30ml
Liquid	단호박 100g, 물 115ml, 얼음 1과2/3컵
Syrup	시럽 90ml
Garnish	구운 단호박 슬라이스 1개(30g)

RECIPE

1 에스프레소 30ml를 추출한다.

2 단호박은 4등분해 숟가락으로 씨를 파내고 꼭지를 제거해 찜기에 올려
   센불에서 25분간 찐다. 찐 단호박은 껍질을 벗겨 4×5cm 크기로 자른다.

3 장식용 단호박은 1cm 두께로 슬라이스해 팬에 노릇하게 구워 준비한다.

4 믹서에 ②와 시럽, 물, 얼음을 넣고 곱게 간다.

5 준비한 잔에 ④를 담고 추출한 에스프레소를 붓는다.

6 구운 단호박 슬라이스로 장식해 마무리한다.

TIP

모두 섞어 슬러시로도 즐겨요.

에스프레소까지 모두 섞어 슬러시처럼 즐겨도 좋아요. 각각
맛볼 때와는 색다른 맛이 느껴져요.

☑ COFFEE
☐ MILK-TEA
☐ MILK / JUICE / ADE
☐ SMOOTHIE
☐ ICE FLAKES

캐러멜마끼아또 *Hot & Cool*

부드러운 거품이 매력적인 커피예요. 카푸치노처럼 거품층이 두껍지는
않지만 미세한 거품이 입안을 부드럽게 만들어주죠. 두유를 졸여 만든 비건
캐러멜시럽을 사용해 안심하고 마실 수 있습니다. 부드럽고 달달해요.

ASSEMBLE

Coffee Base	에스프레소 40ml
Liquid	오트밀크 250ml *Cool* 얼음 1컵
Syrup	비건 캐러멜시럽 40ml
Garnish	*Hot* 밀크폼 1스쿱, 비건 캐러멜시럽 약간

RECIPE

Hot

1 에스프레소 40ml를 추출한다.

2 추출한 에스프레소에 비건 캐러멜시럽을 섞는다.

3 스팀피처에 오트밀크를 담고 밀크폼이 생기도록 스팀완드를 위아래로
　 흔들며 뜨겁게 데운다.

4 준비한 잔을 뜨거운 물에 1분 정도 담갔다 빼어 예열한다.

5 예열한 잔에 ②를 넣고 뜨겁게 데운 ③의 오트밀크를 붓는다.

6 밀크폼을 듬뿍 얹고, 장식용 비건 캐러멜시럽을 지그재그로 뿌린다.

Cool

1 에스프레소 40ml를 추출한다.

2 추출한 에스프레소에 비건 캐러멜시럽을 섞는다.

3 준비한 잔에 얼음을 채우고 차가운 오트밀크를 붓는다.

4 오트밀크와 섞이지 않도록 ②를 천천히 붓는다.

비건 캐러멜시럽 만들기 160ml 분량

재료 두유 100ml, 유기농 원당 60g

냄비에 두유와 유기농 원당을 넣고 중불로 끓인다. 점성이 생기기 시작하면 불을 끄고
한김 식혀서 사용한다.

- ☑ COFFEE
- ☐ MILK-TEA
- ☐ MILK / JUICE / ADE
- ☐ SMOOTHIE
- ☐ ICE FLAKES

민트라떼 *Cool*

민트향을 좋아하는 분들에게 추천하는 라떼예요. 민트의 알싸한 향이
차가운 음료를 더 시원하게 만들어주죠. 은은한 에스프레소가 강한
민트의 향을 눌러주면서 맛을 조화를 이룹니다. 민트크림을 넣을 때
짤주머니를 활용하면 다양한 모양을 낼 수 있어요.

ASSEMBLE

Coffee Base	에스프레소 50ml
Liquid	두유 150ml, 코코넛밀크 25ml, 얼음 2/3컵
Syrup	민트시럽 참고 P 250 30ml, 청치자가루 1g
Garnish	민트크림(민트시럽 20ml+청치자가루 2g+코코넛크림 참고 P 026 50g), 민트잎 약간

RECIPE

1 민트크림부터 만든다. 코코넛크림에 민트시럽과 청치자가루를 넣고
　크림제형이 되도록 섞는다.

2 민트시럽 30ml에 청치자가루 1g을 넣고 섞는다.

3 에스프레소 50ml를 추출한다.

4 준비한 잔에 ②와 차가운 두유, 코코넛밀크를 붓고 얼음을 가득 채운다.

5 ④에 추출한 에스프레소를 붓는다.

6 음료 위에 ①의 민트크림을 가득 올린 후 민트잎으로 장식한다.

TIP

청치자가루는 조금씩 넣어 색을 조절해요.
청치자가루를 한 번에 많이 넣으면 음료의 색이 탁해질 수
있어요. 조금씩 넣어가며 원하는 색을 만들어요.

☑ COFFEE
☐ MILK-TEA
☐ MILK / JUICE / ADE
☐ SMOOTHIE
☐ ICE FLAKES

바다이야기 *Cool*

언제나 그리운 바다를 한 잔에 담습니다. 블루시럽과 두유의 그라데이션이
마치 넘실대는 파도 같아요. 그 위에 내려오는 에스프레소까지 어우러지니
작은 해변가가 떠올라요. 카페에서 즐기는 짧은 바다 여행입니다.

ASSEMBLE

Coffee Base	에스프레소 50ml
Liquid	두유 130ml, 블루밀크(코코넛밀크 55ml+청치자가루 1g), 얼음 1컵
Syrup	시럽 40ml

RECIPE

1   에스프레소 50ml를 추출한다.

2   코코넛밀크에 청치자가루를 섞어 블루밀크를 만든다.

3   ②에 시럽을 골고루 섞어 준비한 잔에 붓는다.

4   얼음을 가득 채우고 차가운 두유를 붓는다.

5   추출한 에스프레소를 천천히 부어 마무리한다.

TIP

에스프레소는 천천히 부어요.

에스프레소는 마지막 단계에서 천천히 부어요. 그래야 한 번에 섞이지
않고 다른 재료와 어울려 자연스러운 그라데이션이 만들어져요.

47

- ☑ COFFEE
- ☐ MILK-TEA
- ☐ MILK / JUICE / ADE
- ☐ SMOOTHIE
- ☐ ICE FLAKES

다크초콜릿커피 *Hot & Cool*

고소한 두유와 다크초콜릿, 그리고 커피가 만나면 어떤 맛일까요?
딱 초코라떼 그대로랍니다. 일명 '어른들을 위한 초코라떼'입니다.
핫과 쿨, 두 가지 버전으로 즐겨요.

ASSEMBLE

Coffee Base	에스프레소 40ml
Liquid	두유 100ml *Cool* 얼음 2/3컵
Syrup	비건 다크초콜릿시럽 _{참고 P 251} *Hot* 50ml *Cool* 60ml

RECIPE

Hot
1. 에스프레소 40ml를 추출한다.
2. 추출한 에스프레소에 비건 다크초콜릿시럽 50ml를 섞는다.
3. 냄비에 두유를 붓고 중불에서 끓어오르면 불을 끈다.
4. 준비한 잔을 뜨거운 물에 1분 정도 담갔다 빼어 예열한다.
5. 예열한 잔에 ②를 담은 후 잔을 살짝 기울여 ③의 데운 두유를 붓는다.

Cool
1. 에스프레소 40ml를 추출한다.
2. 추출한 에스프레소에 비건 다크초콜릿시럽 60ml를 섞는다.
3. 준비한 잔에 ②를 담은 뒤 얼음을 채운다.
4. 차가운 두유를 부어 마무리한다.

☑ COFFEE
☐ MILK-TEA
☐ MILK / JUICE / ADE
☐ SMOOTHIE
☐ ICE FLAKES

오렌지아이스코코 *Cool*

이국적인 풍경이 떠오르는 음료입니다. 코코넛과 오렌지의 색다른 조합이 여행을 떠나고 싶게 만드네요. 지름이 넓은 빨대로 오렌지 알맹이도 함께 즐겨야 맛나요.

ASSEMBLE

Coffee Base	에스프레소 30ml
Liquid	코코넛밀크 90ml, 얼음 1컵
Syrup	오렌지 1/2개(160g), 시럽 80ml
Garnish	오렌지 슬라이스 1개

RECIPE

1 오렌지는 속껍질까지 모두 제거한 후 사방 1cm 크기로 자른다.

2 믹서에 ①과 코코넛밀크, 얼음, 시럽을 넣고 곱게 간다.

3 에스프레소 30ml를 추출한다.

4 준비한 잔에 ②를 담고 추출한 에스프레소를 조심히 붓는다.

5 오렌지 슬라이스를 반 잘라 잔에 꽂듯이 장식한다.

TIP

오렌지 속껍질은 깨끗이 제거해요.

오렌지의 속껍질인 흰 부분이 음료에 들어가면 쓴맛이 나기 쉬워요.
속껍질을 깔끔히 제거한 뒤 사용해요.

- ☑ COFFEE
- ☐ MILK-TEA
- ☐ MILK / JUICE / ADE
- ☐ SMOOTHIE
- ☐ ICE FLAKES

흑임자라떼 *Hot & Cool*

대표적인 블랙푸드인 흑임자로 만든 라떼예요. 흑임자 특유의 고소함에
은은하게 감도는 에스프레소향이 흑임자라떼의 매력이죠. 인절미나
백설기 같은 떡에도 어울려요.

ASSEMBLE

Coffee Base	에스프레소 *Hot* 40ml *Cool* 60ml
Liquid	두유 *Hot* 200ml *Cool* 180ml
	코코넛밀크 25ml, *Cool* 얼음 1컵
Syrup	흑임자페이스트 참고 P 227 *Hot* 30g *Cool* 40g
	시럽 *Hot* 30ml *Cool* 40ml
Garnish	*Cool* 흑임자가루 약간

RECIPE

Hot
1. 에스프레소 40ml를 추출한다.
2. 냄비에 두유 200ml에 코코넛밀크를 붓고 중불에서 끓어오르면 불을 끈다.
3. 흑임자페이스트와 시럽을 골고루 섞는다.
4. 준비한 잔을 뜨거운 물에 1분 정도 담갔다 빼어 예열한다.
5. 예열한 잔에 추출한 에스프레소와 ③을 담아 섞는다.
6. ②의 데운 두유와 코코넛밀크를 부어 마무리한다.

Cool
1. 에스프레소 60ml를 추출한다.
2. 추출한 에스프레소에 흑임자페이스트, 시럽을 넣고 골고루 섞는다.
3. 준비한 잔에 ②를 담고 얼음을 가득 채운다.
4. ③에 차가운 두유 180ml와 코코넛밀크를 붓는다.
5. 음료 위에 흑임자가루를 뿌려 마무리한다.

- ☑ **COFFEE**
- ☐ MILK-TEA
- ☐ MILK / JUICE / ADE
- ☐ SMOOTHIE
- ☐ ICE FLAKES

딸기라떼 *Cool*

코코넛밀크 특유의 향이 딸기의 상큼하고 달달한 맛을 살려줍니다. 여기에
에스프레소를 더해 커피 본연의 맛을 냈죠. 딸기청과 두유&코코넛밀크,
에스프레소가 만들어내는 컬러풀한 층을 즐겨요.

ASSEMBLE

Coffee Base	에스프레소 40ml	
Liquid	두유 180ml, 코코넛밀크 45ml, 얼음 1/3컵	
Syrup	딸기 5~6개(120g), 딸기청 20g	

RECIPE

1 딸기는 흐르는 물에 깨끗이 씻고 꼭지를 제거해 반 자른다.

2 믹서에 두유와 딸기, 딸기청을 넣고 곱게 간다.

3 에스프레소 40ml를 추출한다.

4 준비한 잔에 ②를 담고 코코넛밀크를 붓는다.

5 얼음을 넣고 추출한 에스프레소를 조심히 부어 마무리한다.

TIP

맛있는 딸기 선택법

딸기는 무르지 않고 과육이 단단한 것으로 골라요. 성장촉진제를
사용하지 않았는지 꼭 확인하고 구입하세요.

☑ COFFEE
☐ MILK-TEA
☐ MILK / JUICE / ADE
☐ SMOOTHIE
☐ ICE FLAKES

오트리라떼 *Hot & Cool*

카페라떼를 즐기는 비건을 위한 메뉴입니다. 오트밀밀크의 고소함이
커피의 깊은 맛을 끌어내 맛이 더 풍부해지죠. 스팀용 오트밀밀크는 반드시
바리스타용 제품을 구입해 사용하세요. 일반 오트밀밀크는 스팀을 쳐도
거품이 잘 생기지 않아요.

ASSEMBLE

Coffee Base	에스프레소 40ml
Liquid	오트밀밀크 250ml *Cool* 얼음 1컵
Syrup	바닐라시럽 참고 P 252 40ml

RECIPE

Hot

1 에스프레소 40ml를 추출한다.

2 추출한 에스프레소에 바닐라시럽을 섞는다.

3 준비한 잔을 뜨거운 물에 1분 정도 담갔다 빼어 예열한다.

4 예열한 잔에 ②를 붓는다.

5 스팀피처에 오트밀밀크를 담고 밀크폼이 생기도록 스팀완드를 위아래로
흔들며 뜨겁게 데운다.

6 ④에 데운 오트밀밀크를 밀크폼까지 서서히 붓는다.

Cool

1 에스프레소 40ml를 추출한다.

2 추출한 에스프레소에 바닐라시럽을 섞는다.

3 준비한 잔에 얼음을 채우고 차가운 오트밀밀크를 붓는다.

4 ②를 천천히 붓는다.

☐ COFFEE
☑ MILK-TEA
☐ MILK / JUICE / ADE
☐ SMOOTHIE
☐ ICE FLAKES

히비스커스밀크티 *Cool*

분홍빛 히비스커스티가 오트밀밀크에 스르르 섞이는 장면이 아름답죠.
히비스커스티의 산미와 오트밀밀크의 고소함이 만나 뜻밖의 밸런스를
이룹니다. 먹기 직전에 골고루 섞어 즐기세요.

ASSEMBLE

Tea Base	히비스커스티 2g
Liquid	오트밀밀크 100ml, 뜨거운 물 95ml, 얼음 2/3컵
Syrup	시럽 60ml

RECIPE

1   냄비에 물을 붓고 80℃까지 끓인다.
2   끓인 물에 히비스커스티를 넣고 5분간 진하게 우려 차 거름망에
     거른다.
3   우린 티에 시럽을 골고루 섞어 한김 식힌다.
4   준비한 잔에 얼음을 채우고 오트밀밀크를 붓는다.
5   ③의 식힌 차를 잔 위에 조심히 따른다.

TIP

히비스커스티는 진하게 우려요.

밀크티를 만들 때 선명한 그라데이션을 표현하고 싶다면 티를 진하게
우려야 해요. 히비스커스티를 5분 더 우려주세요.

☐ COFFEE
☑ MILK-TEA
☐ MILK / JUICE / ADE
☐ SMOOTHIE
☐ ICE FLAKES

버블밀크티 *Cool*

한때 카페에서 인기를 모았던 대만의 버블티도 비건식으로 즐길 수 있습니다.
직접 타피오카펄을 만들어 사용하죠. 타피오카펄은 팔팔 끓는 물에 삶아야
펄이 퍼지지 않아요. 남은 타피오카펄은 냉동보관해두고 사용해요.

ASSEMBLE

Tea Base	얼그레이티 28g, 아쌈 4g
Liquid	에스프레소 30ml, 두유 90ml, 코코넛밀크 70ml, 얼음 2/3컵
Syrup	시럽 10ml
Garnish	삶은 수제 타피오카펄 50g

RECIPE

1   냄비에 두유와 코코넛밀크를 붓고 중불로 끓인다.

2   끓어오르면 약불로 줄여 얼그레이티와 아쌈을 넣고 5~10분 우린다.

3   진하게 우러나면 불을 끄고 차 거름망에 찻잎을 걸러 상온으로 식힌다.

4   준비한 잔에 삶은 타피오카펄을 넣고 얼음을 가득 채운 뒤 ③을 붓는다.

5   에스프레소 30ml를 추출한다.

6   추출한 에스프레소에 시럽을 섞은 뒤 ④에 부어 마무리한다.

수제 타피오카펄 만들기&삶기 325g 분량

재료 타피오카전분 200g, 유기농 마스코바도 50g, 물 75ml, 덧가루용 고구마전분 약간

냄비에 마스코바도와 물을 넣고 중불로 끓인다. 마스코바도가 녹으면 불을 끄고 볼에
타피오카전분과 넣어 빠르게 반죽한다. 덧가루를 뿌린 도마에 반죽을 올려 얇은
원통형으로 길게 민 후 스크래퍼로 0.5~1cm 크기로 잘라 동그랗게 빚는다. 끓는 물에
넣고 15분간 주걱으로 저어가며 삶은 뒤 체에 밭쳐 물기를 제거해 사용한다.

- [ ] COFFEE
- [x] MILK-TEA
- [ ] MILK / JUICE / ADE
- [ ] SMOOTHIE
- [ ] ICE FLAKES

흑당녹차라떼 *Cool*

녹차라떼는 커피를 못 마시는 이들에게 사랑받는 메뉴죠. 녹차의 씁쓸한
맛이 부담된다면 흑당시럽을 활용하세요. 뜨거운 물에 말차가루를
개어 차가운 오트밀밀크를 붓고 달달한 흑당시럽까지 추가하면
흑당녹차라떼가 완성입니다.

ASSEMBLE

Tea Base	말차가루 8g
Liquid	오트밀밀크 100ml, 뜨거운 물 60ml, 얼음 2/3컵
Syrup	흑당시럽 참고 P 249 40ml

RECIPE

1   약 60℃의 뜨거운 물에 말차가루를 갠다.
2   준비한 잔 내벽에 티스푼을 활용해 흑당시럽을 골고루 묻힌다.
3   얼음을 가득 채우고 오트밀밀크를 붓는다.
4   ①의 녹차를 부어 마무리한다.

TIP

코코넛크림도 잘 어울려요!
흑당녹차라떼에 코코넛크림을 올리거나 에스프레소를 추가해도
그 맛이 잘 어울려요. 녹차와 커피는 궁합이 좋아요.

☐ COFFEE
☑ MILK-TEA
☐ MILK / JUICE / ADE
☐ SMOOTHIE
☐ ICE FLAKES

밀크티 & 흑당밀크티 *Cool*

두유와 코코넛밀크로 만든 밀크티입니다. 두유와 코코넛밀크를 8:2
비율로 섞어 홍차를 우려내면 밀크티 느낌이 나죠. 더 달달하게 즐기고
싶다면 흑당시럽을 넣어 흑당밀크티로 만들어요. 센불로 가열하면 타기
쉬우니 중불에서 서서히 끓여주세요.

ASSEMBLE

Tea Base	브렉퍼스트 28g, 아쌈 4g
Liquid	두유 110ml, 코코넛밀크 35ml, 얼음 2/3컵
Syrup	밀크티 유기농 원당 10g 흑당밀크티 흑당시럽 참고 P 249 10ml

RECIPE

밀크티   1   냄비에 두유와 코코넛밀크를 붓고 중불에 올린다.

2   끓어오르면 약불로 줄여 브렉퍼스트와 아쌈을 넣어 5~10분 우린다.

3   ②에 유기농 원당을 넣고 젓는다. 원당이 녹으면 불을 끄고
차 거름망에 걸러 한김 식힌다.

4   준비한 잔에 얼음을 채우고 ③을 붓는다.

흑당밀크티   1   냄비에 두유와 코코넛밀크를 붓고 중불에 올린다.

2   끓어오르면 약불로 줄여 브렉퍼스트와 아쌈을 넣어 5~10분 우려 불을
끄고 차 거름망에 걸러 한김 식힌다.

3   준비한 잔 내벽에 흑당시럽을 티스푼으로 골고루 묻힌다.

4   얼음을 가득 채우고 ②의 식힌 차를 붓는다.

☐ COFFEE
☑ MILK-TEA
☐ MILK / JUICE / ADE
☐ SMOOTHIE
☐ ICE FLAKES

캐모마일밀크티 *Hot & Cool*

은은한 캐모마일향에 코코넛밀크의 달콤함이 전해져요. 새하얀 밀크티
위에 식용꽃잎을 장식해도 예쁘죠. 캐모마일티백을 충분히 우려 향을
내는 게 중요해요.

ASSEMBLE

Tea Base　캐모마일티백 1개(2g)
Liquid　코코넛밀크 135ml *Cool* 뜨거운 물 30ml, 얼음 2/3컵
Syrup　유기농 원당 10g

RECIPE

Hot　1　냄비에 코코넛밀크를 붓고 중불에 올린다.

2　코코넛밀크가 끓어오르면 캐모마일티백을 넣고 약불로 5분간 우린다.

3　②의 티백을 제거한 후 유기농 원당을 넣어 약불로 5분간 더 끓인다.

4　준비한 잔을 뜨거운 물에 1분 정도 담갔다 빼어 예열한다.

5　예열한 잔에 ③을 붓는다.

Cool　1　약 80℃의 뜨거운 물에 캐모마일티백를 넣고 5~10분 우린다.

2　①의 티백을 제거하고 유기농 원당을 넣고 섞는다.

3　준비한 잔에 얼음을 채우고 차가운 코코넛밀크를 붓는다.

4　②를 부어 마무리한다.

COFFEE ☐
MILK-TEA ☐
MILK / JUICE / ADE ☑
SMOOTHIE ☐
ICE FLAKES ☐

라임모히또 *Cool*

술은 마시기 싫은데 기분은 내고 싶은 날, 논알콜 칵테일 한잔
만들어볼까요? 애플민트얼음은 크고 동그랗게 얼려야 잔에 넣었을 때
예뻐요. 라임의 상큼한 맛과 애플민트의 시원한 향이 잘 어우러져요.

ASSEMBLE

Beverage Base	라임 1/2개(50g), 애플민트잎 1~2장
Liquid	탄산수 190ml, 애플민트얼음 1개(50g)
Syrup	시럽 30ml
Garnish	애플민트잎 약간

RECIPE

1 라임은 깨끗이 씻어 1cm 두께로 슬라이스한다.
2 라임 슬라이스 1개와 애플민트잎 1~2장을 잘게 다진다. 이때 애플민트잎을
   빳듯이 즙을 낸다.
3 칵테일 잔에 ②를 담고 시럽과 애플민트얼음을 넣는다.
4 ①의 남은 라임 슬라이스를 잔 내벽에 나란히 붙인다.
5 라임 슬라이스가 떨어지지 않도록 탄산수를 조심히 붓는다.
6 애플민트잎을 장식처럼 곁들인다.

애플민트얼음 만들기 310g 분량

재료 애플민트잎 10g, 물 300ml

믹서에 준비한 생수와 애플민트잎을 넣고 민트잎이 약 0.2cm 크기가 될 때까지 간다.
원하는 모양의 얼음 틀에 부어 냉동실에서 얼려두고 다양한 음료에 사용한다. 특히
에이드 음료에 잘 어울린다.

COFFEE
MILK-TEA
☑ MILK / JUICE / ADE
☑ SMOOTHIE
ICE FLAKES

망고스위트 & 패션프루트에이드 *Cool*

크로와상, 파이, 케이크, 페이스트리 등의 디저트에 어울리는 음료예요.
망고스위트는 슬러시 같은 질감으로 더운 여름에 특히 인기가 많죠.
패션프루트에이드는 탄산수 대신 탄산음료로 대체 가능한데, 이때는
패션프루트청의 양을 줄여요. 패션프루트청은 반드시 냉장보관해두고 쓰세요.

ASSEMBLE / RECIPE

망고스위트
Beverage Base
Liquid
Garnish

냉동 망고 1컵(150g), 시럽 50ml
물 75ml, 얼음 1/2컵
허브잎 약간

1 믹서에 냉동 망고, 시럽, 물, 얼음을 넣고 곱게 간다.
2 준비한 잔에 붓고 허브잎을 올려 장식한다.

패션프루트에이드
Beverage Base
Liquid
Garnish

패션프루트청 70g
탄산수 190ml, 얼음 1/2컵
허브잎 약간

1 준비한 잔에 패션프루트청을 넣는다.
2 잔에 얼음을 가득 채우고 탄산수를 붓는다.
3 장식용 허브잎을 올려 마무리한다.

COFFEE

MILK-TEA

☑ MILK / JUICE / ADE

SMOOTHIE

ICE FLAKES

시나몬라즈베리에이드 *Cool*

한 잔의 칵테일처럼 보이는 에이드입니다. 차갑게 즐기는 논알코올
뱅쇼라고 할 수 있죠. 체리콕 맛이 나서 남녀노소 누구나 즐기기 좋아요.
음용 시 시나몬스틱으로 섞어 즐기면 시나몬향이 스며들어 더 맛있답니다.

ASSEMBLE

Beverage Base	라즈베리 20~25개(48g)
Sub Base	레몬 1/2개, 블루베리 3-4개, 라즈베리 5-6개
Liquid	탄산수 150ml, 얼음 3/4컵
Syrup	딸기시럽 40ml, 바닐라시럽 ^{참고 P 252} 16ml
Garnish	시나몬스틱 1개, 타임 1줄기

RECIPE

1 라즈베리 48g은 깨끗이 씻어 칼로 잘게 다져 으깬다.

2 레몬은 0.5cm 두께로 슬라이스한다.

3 준비한 잔에 ①과 딸기시럽, 바닐라시럽을 넣는다.

4 얼음 분량의 절반을 채우고 ②의 레몬 슬라이스를 잔 내벽에 붙인다.

5 블루베리와 라즈베리를 그대로 넣고 남은 얼음으로 끝까지 채운다.

6 탄산수를 붓고 시나몬스틱을 꽂은 후 타임 1줄기를 살짝 얹어 장식한다.

TIP

딸기시럽은 딸기잼으로 대체 가능해요.

딸기시럽이 없다면 동량의 딸기잼을 넣어 만들어요. 비슷한 맛을 낼
수 있어요.

☐ COFFEE
☐ MILK-TEA
☐ MILK / JUICE / ADE
☑ SMOOTHIE
☐ ICE FLAKES

구름스무디 *Cool*

새하얀 코코넛 하늘 위로 분홍색 구름이 둥둥 떠있습니다. 코코넛밀크와
바닐라시럽을 섞어 밀크쉐이크 느낌을 냈죠. 코코넛크림에 원하는 색의
가루를 넣으면 다양한 색의 구름을 만들 수 있어요.

ASSEMBLE

2잔 분량
Beverage Base   비트코코넛크림(코코넛크림 참고 P 026 40g+비트가루 1g)
Liquid   코코넛밀크 165ml, 얼음 2컵
Syrup   바닐라시럽 참고 P 252 130ml

RECIPE

1 코코넛크림에 비트가루를 골고루 섞어 짤주머니에 담는다.
2 ①을 준비한 잔 내벽에 구름모양으로 짜준다.
3 ②를 그대로 냉동실에서 30분 이상 둔다.
4 믹서에 코코넛밀크, 얼음, 바닐라시럽을 넣고 곱게 간다.
5 냉동실에서 꺼낸 잔에 부어 마무리한다.

TIP

크림은 냉동실에서 충분히 얼려요.

비트코코넛크림을 컵에 짠 후 냉동실에서 충분히 얼리지 않으면 금세
흘러내릴 수 있어요. 최소 30분 이상 냉동실에 넣어두세요.

☐ COFFEE
☐ MILK-TEA
☐ MILK / JUICE / ADE
☑ SMOOTHIE
☐ ICE FLAKES

블루베리스무디 *Cool*

투 톤의 스무디입니다. 먼저 코코넛밀크와 얼음을 갈아 스무디를 만들고 그 위에 블루베리를 갈아 올렸죠. 코코넛밀크와 블루베리 타입의 스무디가 서로 섞이지 않도록 층 분리에 신경써서 만들어요. 음용 시에는 섞어 즐겨요.

ASSEMBLE

Beverage Base	블루베리 약 25개(50g)
Liquid	코코넛밀크 90ml, 얼음 1컵
Syrup	시럽 30ml
Garnish	블루베리 2개, 허브잎 약간

RECIPE

1 믹서에 코코넛밀크와 얼음 1/2컵을 넣고 곱게 간다.
2 준비한 잔에 ①을 붓는다.
3 믹서에 블루베리와 남은 얼음, 시럽을 넣어 곱게 간다.
4 ②에 섞이지 않도록 ③을 조심히 붓는다.
5 데코용 블루베리와 허브잎을 올려 마무리한다.

TIP

냉동 블루베리를 사용한다면 얼음 양을 줄여요.

블루베리는 표면이 반짝이는 것보다 약간 하얗고 단단한 것을 골라요. 냉동 블루베리를 사용한다면 얼음의 양을 적게 잡아야 음료가 싱거워지지 않아요. 각얼음 3~4개 정도 빼고 만들어요.

바나나비트스무디 *Cool*

아삭한 식감과 풍부한 영양소의 비트로 분홍빛의 스무디를 만듭니다.
비트는 그대로 먹으면 아무 맛이 나지 않지만 바나나를 함께 갈면 색도
맛도 색달라져요. 시럽의 양은 취향에 맞춰 가감하세요.

☐ COFFEE
☐ MILK-TEA
☐ MILK / JUICE / ADE
☑ SMOOTHIE
☐ ICE FLAKES

ASSEMBLE

Beverage Base	바나나 1개(100g), 비트 20g
Liquid	두유 120ml, 비거트 참고 P.093 50g, 얼음 1/4컵
Syrup	시럽 50ml
Garnish	바나나 슬라이스 1개

RECIPE

1 바나나는 껍질을 벗겨 4등분한다.

2 비트는 3×4cm 크기로 자른다.

3 믹서에 ①과 ②, 두유, 비거트, 얼음, 시럽을 넣고 곱게 간다.

4 준비한 잔에 붓고 바나나 슬라이스로 장식한다.

TIP

데코용 바나나는 레몬물에 담가둬요.

바나나는 갈변이 쉽게 되어요. 데코용 바나나는 레몬과 유기농
원당을 섞은 물에 담갔다가 사용하세요. 갈변을 늦출 수 있어요.

COFFEE

MILK-TEA

☑ MILK / JUICE / ADE

SMOOTHIE

ICE FLAKES

단팥순보리 *Cool*

들판에서 불어오는 자연의 향이 담긴 음료입니다. 잔 바닥에 수제 팥앙금을
깔고 오트밀밀크를 부은 뒤 보리가루를 뿌려 층을 냈죠. 달달한 단팥이
쌉쌀한 보리가루를 감싸 그 맛도 특별해요. 단맛을 더 내고 싶다면 팥앙금을
1큰술 더 추가합니다.

ASSEMBLE

Beverage Base	수제 팥앙금 50g
Liquid	오트밀밀크 120ml, 얼음 1/2컵
Syrup	시럽 30ml, 오트밀밀크 25ml, 새싹보리가루 2g
Garnish	새싹보리가루 약간

RECIPE

1 작은 비커에 시럽과 오트밀밀크, 새싹보리가루를 넣고 골고루 섞는다.

2 준비한 잔에 수제 팥앙금을 넣고 얼음을 채운다.

3 차가운 오트밀밀크를 붓고 섞이지 않게 ①을 조심히 붓는다.

4 음료 위에 새싹보리가루를 뿌려 마무리한다.

수제 팥앙금 만들기 600g 분량

재료 팥 400g 유기농 원당 200g 소금 약간

팥은 하루 정도 충분히 불려 냄비에 넣고 팥의 1~1.5cm 위까지 물을 붓는다. 유기농
원당, 소금을 넣고 센불로 팔팔 끓여 거품이 올라오면 제거하고 중불로 낮춰 팥이
졸아들 때까지 저어가며 끓인다. 점성이 생기고 되직해지면 불을 끄고 식힌다.

☐ COFFEE
☐ MILK-TEA
☑ MILK / JUICE / ADE
☐ SMOOTHIE
☐ ICE FLAKES

해독주스 *Cool*

몸에 있는 나쁜 독소들을 빼봅시다. 건강한 재료들로 맛있는 해독주스를
만들어요. 다이어트나 식단조절 중인 분들에게 특히 권하는 메뉴입니다.
주황색과 초록색으로 음료의 층을 나누고 예쁜 파인애플 꽃을 올려
마무리해요.

ASSEMBLE

Beverage Base	밀싹 30g, 당근·사과 1/2개(150g)씩, 파인애플 1/4통(200g)
Garnish	건조 파인애플꽃 1개

RECIPE

1 밀싹은 씻어 체에 밭치고, 당근과 사과는 껍질을 벗겨 2×3cm
   크기로 자른다.
2 파인애플은 껍질을 제거해 사방 3cm 크기로 자른다.
3 믹서에 당근, 사과를 곱게 갈아 준비한 잔에 붓는다.
4 믹서에 밀싹, 파인애플을 넣고 곱게 갈아 ③에 붓는다.
5 건조 파인애플꽃을 잔에 꽂아 장식한다.

건조 파인애플꽃 만들기

재료 통 파인애플 적당량, 고구마전분 약간

파인애플은 0.3cm 두께로 얇게 슬라이스한다. 전분을 살짝 뿌려 90~100℃로 예열한
오븐에서 80~90분 구워낸다. 다양한 음료와 디저트에 장식용으로 활용한다.

☐ COFFEE
☐ MILK-TEA
☑ MILK / JUICE / ADE
☐ SMOOTHIE
☐ ICE FLAKES

베리파르페 *Cool*

비거트에 예쁜 과일을 올리면 카페에서 맛보는 파르페의 비주얼을 만들 수 있어요. 블루베리콩포트와 비거트를 층층이 쌓아 색감도 예쁘죠. 음용 시 섞지 말고 과일과 비거트를 한 번에 떠서 드세요.

ASSEMBLE

Beverage Base	딸기 2개(50g)
Liquid	비거트 참고 P.093 350g
Syrup	블루베리콩포트 참고 P.240 20g
Garnish	딸기 1개, 블루베리 2개, 레드커런트 2g, 허브잎 2~3장

RECIPE

1 딸기는 슬라이스해 준비한다.

2 준비한 잔에 비거트 1스푼 〉블루베리콩포트 1스푼 〉딸기 슬라이스 순으로 담는다.

3 ②의 과정을 2회 더 반복한다.

4 데코용 딸기는 슬라이스하고, 블루베리는 지그재그로 칼집을 넣어 반 잘라 음료 위에 레드커런트와 함께 올린다.

5 허브잎으로 장식해 마무리한다.

TIP

투명한 유리잔에 담아요.

파르페처럼 층층이 담는 메뉴는 투명한 유리잔을 골라요. 컬러감이 돋보이는 메뉴라면 보는 즐거움도 놓치지 말아요.

☐ COFFEE
☐ MILK-TEA
☑ MILK / JUICE / ADE
☐ SMOOTHIE
☐ ICE FLAKES

고구마라떼 *Hot & Cool*

구운 고구마에 코코넛밀크와 메이플시럽을 섞어 비건 고구마페이스트를
만듭니다. 여기에 두유만 섞으면 고구마라떼가 완성이죠. 음료용
고구마는 뻑뻑한 식감의 밤고구마보다는 부드러운 물고구마나
꿀고구마가 적당해요.

ASSEMBLE

Beverage Base   비건 고구마페이스트(고구마 1개+코코넛밀크 35ml+메이플시럽 30ml)
Liquid   두유 180ml *Cool* 얼음 1컵
Garnish   밀크폼 1스쿱, 시나몬가루 약간 *Cool* 아몬드 슬라이스 약간

RECIPE

Hot   1   고구마는 170℃로 예열한 오븐에서 25분 구워 껍질을 벗겨 사방 5cm
크기로 자른다. 코코넛밀크, 메이플시럽을 넣고 숟가락으로 으깨 비건
고구마페이스트를 만든다.

   2   스팀피처에 두유를 넣고 스팀완드로 뜨겁게 데운다.

   3   준비한 잔을 뜨거운 물에 1분 정도 담갔다 빼어 예열한다.

   4   예열한 잔에 ①의 비건 고구마페이스트와 데운 두유를 넣고 섞는다.

   5   밀크폼을 올리고 시나몬가루를 뿌린다.

Cool   1   고구마는 170℃로 예열한 오븐에서 25분 구워 껍질을 벗겨 사방 5cm
크기로 자른다. 코코넛밀크, 메이플시럽을 넣고 숟가락으로 으깨 비건
고구마페이스트를 만든다.

   2   준비한 잔에 얼음을 채우고 두유를 붓는다.

   3   ①의 비건 고구마페이스트를 넣는다.

   4   아몬드 슬라이스를 올리고 시나몬가루를 뿌린다.

☐ COFFEE
☐ MILK-TEA
☐ MILK / JUICE / ADE
☑ SMOOTHIE
☐ ICE FLAKES

딸기요구르트스무디 *Cool*

마치 셔벗을 음료로 마시는 듯한 메뉴입니다. 달달하고 시원해 무더운
여름에 즐기기 좋죠. 비거트를 마지막에 음료 위에 올리지 않고,
딸기스무디와 번갈아 올려 층을 만들어도 예뻐요.

ASSEMBLE

Beverage Base	딸기 5개(110g), 비거트^{참고 P 093} 40g
Liquid	코코넛밀크 45ml, 얼음 3/4컵
Syrup	딸기시럽 70ml
Garnish	허브잎 약간

RECIPE

1 믹서에 딸기, 코코넛밀크, 얼음, 딸기시럽을 넣고 곱게 간다.
2 준비한 잔에 ①을 붓는다.
3 음료 위에 비거트를 올린다.
4 허브잎으로 장식해 마무리한다.

TIP

스무디는 최대한 곱게 갈아요.
스무디 재료를 믹서에 갈 때는 얼음 알맹이가 거의 보이지 않을 만큼
곱게 갈아주세요. 얼음이 크면 다른 재료와 잘 섞이지 않아요.

☐ COFFEE
☐ MILK-TEA
☑ MILK / JUICE / ADE
☐ SMOOTHIE
☐ ICE FLAKES

초콜릿오트밀라떼 *Hot & Cool*

달달한 게 그리울 때는 초콜릿부터 생각나죠. 카카오 함유량 30%
이상의 진한 초콜릿을 녹여 라떼를 만들어요. 카페인이 들어 있지 않아
커피를 못 마시는 분들도 즐기기 좋죠. 아이스 메뉴를 만들 때는 녹인
초콜릿이 꾸덕할 때 컵에 묻혀야 그라데이션도 잘 나와요.

ASSEMBLE

Beverage Base	커버추어 초콜릿 50g
Liquid	오트밀밀크 200ml, 코코넛밀크 155ml *Cool* 얼음 2/3컵
Syrup	유기농 원당 50g, 카카오파우더 30g
Garnish	*Hot* 호두 분태 약간 *Cool* 밀크폼 1스쿱

RECIPE

Hot
1 중탕볼에 커버추어 초콜릿, 코코넛밀크, 유기농 원당, 카카오파우더를 넣고
   중불로 중탕해 초콜릿이 녹으면 불을 끈다.
2 준비한 잔을 뜨거운 물에 1분 정도 담갔다 빼어 예열한다.
3 예열한 잔에 ①을 붓는다.
4 냄비에 오트밀밀크를 넣고 중불로 가열한 뒤 끓어오르면 ③에 붓는다.
5 호두 분태를 뿌려 마무리한다.

Cool
1 중탕볼에 커버추어 초콜릿, 코코넛밀크, 유기농 원당, 카카오파우더를
   넣고 중불로 중탕한다.
2 초콜릿이 녹으면 불을 끄고 5g 정도만 남기고 준비한 잔에 모두 붓는다.
3 ②에 얼음을 2/3가량 채우고, 남은 ①을 티스푼으로 잔 테두리에
   빙둘러가며 묻혀 안쪽으로 흘러내리게 만든다.
4 차가운 오트밀밀크를 ③에 붓는다.
5 밀크폼을 올려 마무리한다.

☐ COFFEE
☐ MILK-TEA
☑ MILK / JUICE / ADE
☐ SMOOTHIE
☐ ICE FLAKES

아몬드비거트 & 망고코코넛비거트 *Cool*

우유가 아닌 두유로 만든 수제 비거트입니다. 그냥 먹어도 맛있지만
과일콩포트 등 좋아하는 토핑을 올리면 더 맛있죠. 간단한 아침식사 메뉴로
즐기기 좋아요. 비거트는 만든 직후 반드시 냉장보관해두고 사용해요.

ASSEMBLE

Beverage Base	아가베시럽 또는 메이플시럽 30ml, 비건 유산균캡슐 1개(170mg)
Liquid	두유 950ml, 코코넛밀크 35ml
Syrup	시럽 20ml
Garnish	**아몬드비거트** 아몬드 슬라이스·호두 분태 약간씩
	망고코코넛비거트 망고 큐브 10~20g, 코코넛칩·허브잎 약간씩

RECIPE

1   볼에 두유, 코코넛밀크, 아가베시럽, 비건 유산균 캡슐을 넣고
    숟가락으로 천천히 섞는다.

2   ①을 요구르트 메이커에 8-10시간 넣어두었다가 냉장고로 옮겨 30분간
    차갑게 만들어 비거트를 완성한다.

3   그릇에 ②의 비거트를 넣고 시럽을 넣는다.

4   아몬드비거트에는 아몬드 슬라이스와 호두 분태를 뿌리고,
    망고코코넛비거트에는 망고 큐브를 올린 뒤, 잘게 부순 코코넛칩과
    허브잎으로 장식한다.

TIP

비건 유산균 캡슐이 꼭 필요해요.

비거트를 만들 때 필수재료가 비건 유산균 캡슐입니다. 책에서는
'오가닉 비건 유산균 메리루스' 제품을 사용했어요.

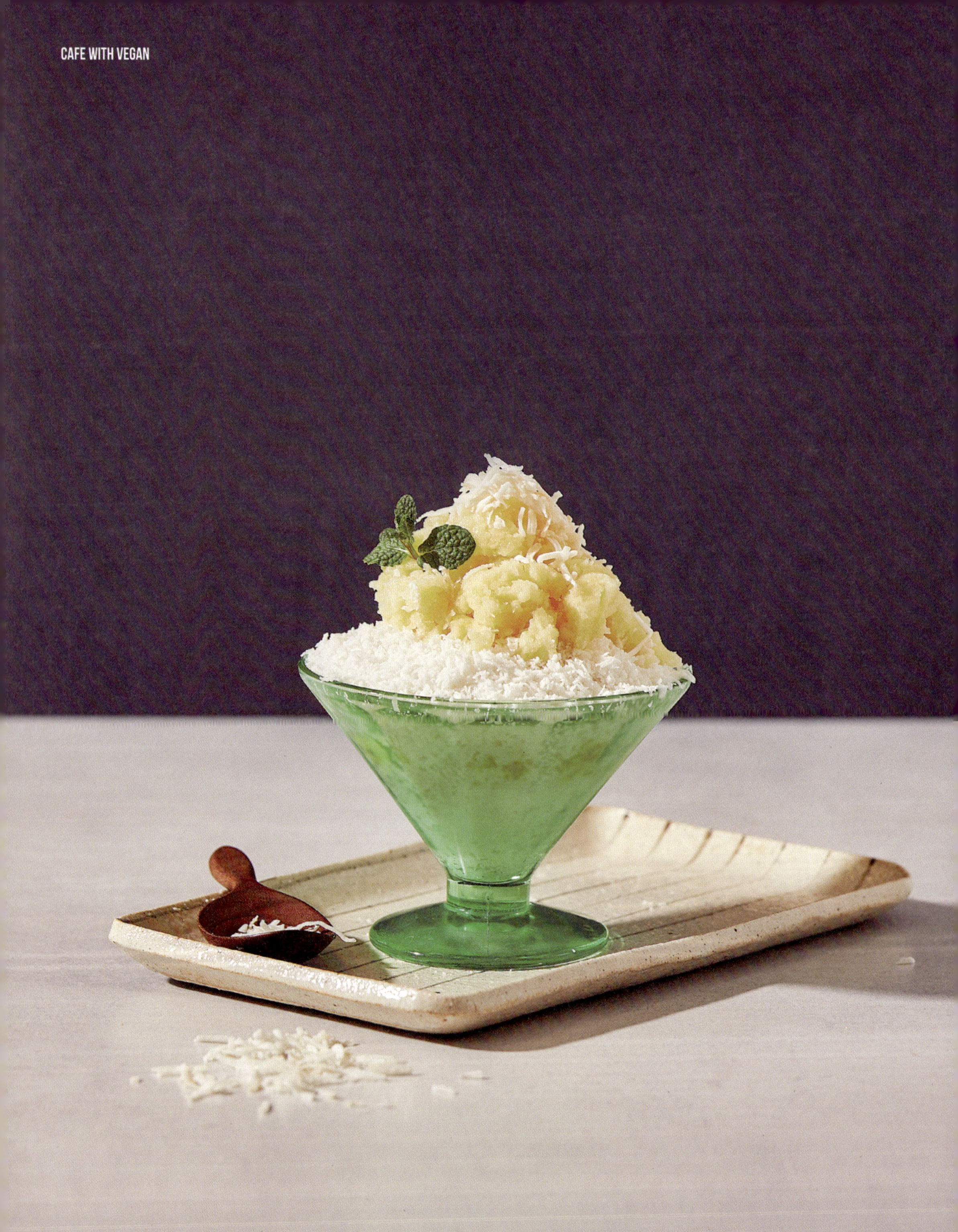

☐ COFFEE
☐ MILK-TEA
☐ MILK / JUICE / ADE
☐ SMOOTHIE
☑ ICE FLAKES

코코넛파인애플빙수 *Cool*

코코넛밀크를 꽁꽁 얼려 빙수를 만들어요. 새콤달콤한 파인애플과
코코넛칩을 곁들이면 색감도 맛도 업그레이드되죠. 코코넛밀크얼음과
파인애플을 번갈아 올려 완성해도 좋아요.

ASSEMBLE

Beverage Base	파인애플 슬라이스 250g
Ice Flakes	코코넛밀크얼음 150g
Syrup	시럽 30ml
Garnish	코코넛칩·허브잎 약간씩

RECIPE

1 파인애플은 지퍼백에 넣어 평평하게 만든 뒤 냉동실에서 3~4시간 얼린다.

2 코코넛밀크얼음을 제빙기에 갈아준다. 제빙기가 없으면 지퍼백에 넣고 하루
동안 냉동실에 두었다가 잘게 부순다.

3 ①의 얼린 파인애플을 믹서에 간다.

4 준비한 그릇에 ②를 담고, 그 위에 ③을 올린다.

5 시럽을 두르고 코코넛칩을 뿌린 후 허브잎으로 장식한다.

코코넛밀크얼음 만들기 545g 분량

재료 코코넛밀크 500ml, 유기농 원당 45g

냄비에 코코넛밀크와 유기농 원당을 넣고 중불에서 원당이 녹을 때까지 끓인다.
원당이 다 녹으면 불을 끄고 식힌 뒤 얼음 틀에 붓는다. 냉동실에서 하루 동안 얼려
사용한다.

☐ COFFEE
☐ MILK-TEA
☐ MILK / JUICE / ADE
☐ SMOOTHIE
☑ ICE FLAKES

과일셔벗 *Cool*

맛있는 과일을 얼려서 과일셔벗을 만들어봅시다. 진한 과일의 맛과 향이 그대로 담겨 과일 본연의 맛이 느껴지죠. 스쿱으로 떠서 담으면 비주얼도 색달라요. 식후 디저트 메뉴로도 안성맞춤이에요.

ASSEMBLE

Beverage Base	귤 2개(100g), 바나나 1개(100g)
Syrup	시럽 40ml
Garnish	건조 과일 약간

RECIPE

1 귤과 바나나는 껍질을 벗겨 바나나는 1~2cm 폭으로 슬라이스하고 귤은 낱개로 분리한다.

2 귤과 바나나를 각각 지퍼백에 넣고 평평하게 만든 후 냉동실에 넣어 3~4시간 얼린다.

3 믹서에 얼린 귤과 얼린 바나나, 시럽을 함께 넣고 곱게 간다.

4 준비한 그릇에 완성한 셔벗을 스쿱으로 떠서 담는다.

5 건조 과일을 올려 장식한다.

TIP

스쿱은 냉동실에 두었다가 사용해요.

셔벗은 스쿱에 꽉 채워 떠야 모양이 동그랗게 잘 나와요. 스쿱을 냉동실에서 1시간 정도 얼려 차갑게 만든 뒤 사용하면 셔벗이 빨리 녹는 것을 방지할 수 있어요.

COFFEE
MILK-TEA
MILK / JUICE / ADE
SMOOTHIE
✓ ICE FLAKES

비건오레오빙수 *Cool*

비건 오레오과자로 만든 빙수예요. 두유얼음에 잘게 부순 오레오과자를
뿌려 팥빙수처럼도 보이죠. 장식으로 올린 라즈베리와의 컬러 대비도
돋보여요. 오레오과자는 리필해가며 즐겨요.

ASSEMBLE

Beverage Base	비건 오레오과자 60~70g
Ice Flakes	두유얼음 참고 P 105 150g
Syrup	비건 다크초콜릿시럽 참고 P 251 40ml
Garnish	비건 오레오과자 10g, 라즈베리 4~5개

RECIPE

1 비건 오레오과자는 샌드 부분을 떼어 과자와 크림을 분리한 뒤, 과자
   부분만 모아 잘게 부순다.

2 두유얼음은 제빙기에 곱게 간다. 제빙기가 없으면 지퍼백에 넣고 하루
   동안 냉동실에 두었다가 꺼내어 얼음을 잘게 부순다.

3 준비한 그릇에 ②를 담고 비건 다크초콜릿시럽을 뿌린다.

4 그 위에 ①의 잘게 부순 비건 오레오과자를 올린다.

5 장식용 과자와 라즈베리를 올려 마무리한다.

TIP

비건 오레오과자인지 반드시 확인하세요.
국내에는 비건 오레오가 없으니 수입제품을 사용해야 해요 반드시
성분표를 확인하고 선택하세요. 비건 오레오 외에 로투스류의
과자도 잘 어울려요.

COFFEE
MILK-TEA
MILK / JUICE / ADE
SMOOTHIE
✓ ICE FLAKES

달달자몽빙수 *Cool*

쌉쌀한 자몽을 달달하게 먹는 방법입니다. 단맛의 시럽이 자몽의
쌉쌀함을 잡아 자몽의 맛이 살죠. 고소한 코코넛밀크얼음을 갈아 넣으면
색도, 맛도 업그레이드됩니다. 컵으로 간단하게 즐겨요.

ASSEMBLE

Beverage Base	자몽 1개(350g)
Ice Flakes	코코넛밀크얼음 참고 P 095 150g
Syrup	시럽 40ml
Garnish	허브잎 약간

RECIPE

1　자몽은 하얀 속껍질까지 모두 제거한 후 과육만 남긴다.

2　코코넛밀크얼음을 제빙기에 넣어 갈아준다. 제빙기가 없으면 지퍼백에
　　넣고 하루 동안 냉동실에 두었다가 꺼내어 얼음을 잘게 부순다.

3　준비한 그릇에 ②를 담고 손질한 자몽을 차곡차곡 올린다.

4　시럽을 뿌린 후 허브잎으로 장식한다.

TIP

빙수용 얼음은 제빙기 사용을 권해요.

제빙기가 없다면 얼음을 살짝 부순 뒤 믹서에 곱게 갈아 써요. 하지만 이
과정에서 얼음도 쉽게 녹아 빙수의 맛이 덜하죠. 제빙기 사용을 권해요.

☐ COFFEE
☐ MILK-TEA
☐ MILK / JUICE / ADE
☐ SMOOTHIE
☑ ICE FLAKES

메론빙수 *Cool*

빙수하면 빠질 수 없는 메뉴입니다. 아이스크림스쿱으로 메론을 동그랗게
떠서 그대로 다시 메론 통에 담았을 뿐인데 비주얼이 돋보이죠. 메론
자체의 단맛이 강하니 맛을 보고 시럽의 양을 조절해요.

ASSEMBLE

Beverage Base	메론 400g
Ice Flakes	코코넛밀크얼음 참고 P 095 150g
Syrup	시럽 30ml
Garnish	허브잎 약간

RECIPE

1 메론은 반 잘라 씨 부분을 도려낸 후 스쿱으로 동그랗게 안을 파준다.
이때 원의 크기를 조금씩 다르게 뜬다.

2 코코넛밀크얼음을 제빙기에 간다. 제빙기가 없으면 지퍼백에 넣고 하루
동안 냉동실에 두었다가 꺼내어 얼음을 잘게 부순다.

3 속을 파낸 메론 통에 ②를 소복이 올라오게 담는다.

4 그 위에 동그랗게 파낸 ①의 메론 과육을 하나씩 빙수에 담긴 얼음에
붙인다.

5 시럽을 뿌리고 허브잎으로 장식한다.

TIP

메론 밑쪽을 살짝 잘라 평평하게 만들어요.

스쿱으로 파낸 메론 과육은 큰 모양은 아래쪽에, 작은 모양은 위쪽에
올려요. 그릇이 되는 메론의 밑부분도 살짝 잘라 평평하게 만들어야
완성 시 메론 그릇이 넘어지지 않아요.

□ COFFEE
□ MILK-TEA
□ MILK / JUICE / ADE
□ SMOOTHIE
☑ ICE FLAKES

베리두유빙수 *Cool*

고소한 두유로 만든 얼음에 과일을 듬뿍 올려 만든 빙수입니다.
레시피에는 기본 시럽을 넣었지만 초콜릿시럽을 뿌려도 좋아요.
두유얼음을 얇게 슬라이스하듯 제빙해 그 맛도 색달라요.

ASSEMBLE

Beverage Base	딸기 6개, 라즈베리 5~6개, 블루베리 6개, 레드커런트 1송이
Ice Flakes	두유얼음 150g
Syrup	시럽 20ml

RECIPE

1   딸기와 라즈베리, 블루베리, 레드커런트는 씻어 체에 밭쳐 물기를 뺀다.

2   두유얼음을 제빙기에 넣고 간다. 얼음 속 가라앉은 두유의 점성이 높아 마치
    대패로 민듯 얇게 얼음이 갈린다.

3   준비한 그릇에 ②를 담고 딸기, 라즈베리, 블루베리, 레드커런트를 올린다.

4   시럽을 뿌려 마무리한다.

두유얼음 만들기 545g 분량

재료 두유 500ml, 유기농 원당 45g

냄비에 두유와 유기농 원당을 넣고 중불로 끓인다. 원당이 다 녹으면 불을 끄고 한김
식혀 냉동실에서 하루 동안 얼린다. 두유는 얼면서 층이 분리되므로 제빙기에서
위아래 한 번씩 뒤집으면서 갈아준다.

COFFEE

MILK-TEA

MILK / JUICE / ADE

SMOOTHIE

☑ ICE FLAKES

두유아이스크림 *Cool*

두유로 만든 비건 아이스크림입니다. 누구나 간단하게 고소하고 담백한 아이스크림을 만들 수 있죠. 달콤한 맛을 원한다면 시럽을 약간 추가해도 좋아요. 따뜻한 토스트와 함께 내도 맛있답니다.

ASSEMBLE

| Beverage Base | 두유 160ml, 코코넛밀크 35ml |
| Syrup | 시럽 30ml |

RECIPE

1 볼에 두유와 코코넛밀크, 시럽을 넣고 골고루 섞는다.

2 냉동용기에 ①을 담고 냉동실에 40분 정도 둔다.

3 냉동실에서 꺼내어 포크로 긁어가며 골고루 섞은 뒤 다시 냉동실에 40분간 두었다가 포크로 긁는다. 이 과정을 4회 반복한다.

4 ③의 과정에서 마지막에는 냉동실에 30분만 두었다가 꺼낸다.

5 완성한 아이스크림을 스쿱으로 떠서 그릇에 담는다.

TIP

냉동 시간은 꼭 지켜주세요.

아이스크림을 꽁꽁 얼리면 너무 딱딱해져 포크로 긁거나 스쿱으로 떠내기 힘들어져요. 마지막 단계에서는 30분간 냉동실에 두었다가 적당히 얼었을 때 스쿱으로 퍼주세요.

☐ COFFEE
☐ MILK-TEA
☐ MILK / JUICE / ADE
☐ SMOOTHIE
☑ ICE FLAKES

키위망고아이스크림 *Cool*

과일 슬라이스로 모양낸 아이스크림입니다. 바 타입으로 만들어 먹기도
편하죠. 아이스크림에는 비비드한 컬러의 과일을 넣어야 얼렸을 때 색이
잘 나와요. 레시피에서 시럽만 빼면 다이어트 간식으로도 좋답니다.

ASSEMBLE

6개 분량
Beverage Base   키위 1개(100g), 망고 큐브 4~5개(50~60g), 라즈베리 5~6개
Ice Flakes   코코넛밀크 150ml
Syrup   시럽 30ml

RECIPE

1   키위는 껍질을 벗기고 사방 1cm 크기로 자른다.
2   코코넛밀크에 시럽을 넣고 골고루 섞는다.
3   아이스크림 틀에 ①의 키위와 준비한 망고 큐브를 넣고 라즈베리를
    1~2개씩 올린다.
4   ②를 붓고 냉동실에서 3~4시간 얼려 완성한다.

TIP

과일을 먼저 넣는 게 포인트예요.

과일 베이스의 아이스크림을 만들 때는 반드시 틀에 과일부터 넣고
액체류를 넣으세요. 그래야 과일의 컬러가 잘 살아요.

2

VEGAN

BRUNCH

☐ SOUP ☐ SALAD ☐ BURGER ☐ SANDWICH ☐ BURRITO ☐ TOAST / PIZZA

비건 브런치 메뉴도 점점 다양해지고 있습니다.
따뜻한 수프 한 그릇, 채소 베이스의 가벼운 샐러드, 버거와 토스트,
샌드위치, 피자 등 다양한 비건 브런치를 맛보세요. 버섯과 템페, 두부,
대체육을 활용해 더 가볍게, 더 맛있게 만듭니다.

☑ SOUP
☐ SALAD
☐ BURGER
☐ SANDWICH
☐ BURRITO
☐ TOAST / PIZZA

코코넛콘수프

코코넛밀크와 두유로 달달한 콘수프를 끓여요. 코코넛밀크 특유의
향이 콘수프의 풍미를 더해주죠. 찐 고구마를 약간 넣어 달달한 맛을
좀 더 냈어요.

ASSEMBLE

Soup Base | 통조림 옥수수 1/2캔(170g), 고구마 1개(150g)
Sub Ingredientt | 코코넛밀크 55ml, 두유 90ml, 물 250ml, 소금·후춧가루 약간씩
Topping | 옥수수 알맹이·허브잎 약간씩

RECIPE

1 고구마는 찜기에서 15분간 중불로 찐다.

2 통조림 옥수수는 찬물에 헹궈 체에 밭친다.

3 믹서에 ①과 ②, 물을 넣고 곱게 간다.

4 냄비에 ③과 코코넛밀크, 두유를 넣고 중불로 10분간 끓여
고운체에 거른다.

5 ④를 다시 냄비로 옮겨 중약불로 3분간 저어가며 끓인다. 살짝
흐르는 정도의 농도가 되면 소금, 후춧가루로 간해 불을 끈다.

6 수프볼에 담고 옥수수 알맹이와 허브잎으로 장식한다.

TIP

고구마는 100% 익혀 사용해요.

수프에 고구마를 넣을 때는 반드시 쪄서 사용해요. 젓가락으로
고구마를 찔렀을 때 푹 들어가는지 확인하세요. 단맛이 강한
초당옥수수를 이용한다면 고구마는 생략 가능해요.

☑ SOUP
☐ SALAD
☐ BURGER
☐ SANDWICH
☐ BURRITO
☐ TOAST / PIZZA

토마토수프

새콤달콤한 토마토수프는 브런치 메뉴로 제격이죠. 특히 토마토는 가열 시
영양소의 흡수가 높아져 수프로 즐기기 좋습니다. 맛의 비결은 토마토를
반만 갈아 스튜의 식감을 살린 거죠. 바게트와도 잘 어울리는 수프예요.

ASSEMBLE

Soup Base	토마토 2개(180g)
Sub Ingredient	양파·당근 1/2개씩, 표고버섯 2개, 다진 마늘 75g, 물 150ml, 올리브유·소금·후춧가루 약간씩
Topping	비건 슬라이스 치즈 1장, 파슬리가루 약간

RECIPE

1 토마토는 십자모양을 내어 끓는 물에 살짝 데쳐 껍질을 벗긴 뒤 1개는
   믹서에 갈고, 1개는 사방 1~2cm 크기로 썬다.

2 양파, 당근도 사방 1~2cm 크기로 잘게 썬다. 버섯은 슬라이스한다.

3 팬에 올리브유를 두르고 중불로 다진 마늘을 볶아 마늘기름을 낸 뒤
   ②를 넣고 2~3분 볶는다.

4 채소가 익으면 사방 1~2cm 크기로 썰어둔 토마토와 물을 함께 넣어
   센불로 5분간 끓인다.

5 ④에 믹서에 갈아둔 토마토 1개분을 넣고 중불로 10~15분간 끓이다가
   소금, 후춧가루로 간해 2~3분 더 끓여 수프볼에 담는다.

6 비건 치즈는 적당한 크기로 찢어 올리고 토치로 살짝 그을린다.

7 파슬리가루를 뿌려 마무리한다.

TIP

비건 치즈를 토치로 그을려요.

비건 슬라이스 치즈는 먹기 좋게 잘라 토핑처럼 사용해요. 치즈를 올린 후
토치로 그을리면 치즈가 녹으면서 수프의 맛과 향이 더욱 좋아져요.

☑ SOUP
☐ SALAD
☐ BURGER
☐ SANDWICH
☐ BURRITO
☐ TOAST / PIZZA

크림수프

코코넛밀크와 흰콩으로 고소하고 맛있는 크림수프를 끓입니다. 비건식
크림수프는 크리미하지만 느끼하거나 부담스럽지 않죠. 채수로 깊은 맛을
내고 코코넛밀크로 크림수프의 풍미를 더했어요. 취향에 따라 양송이버섯을
추가해도 좋아요.

ASSEMBLE

Soup Base	흰콩 1컵(100g), 코코넛밀크 30ml
Sub Ingredient	양파 1/4개, 채수 200ml, 올리브유 10ml, 소금 1g
Topping	파슬리가루 약간

RECIPE

1 흰콩은 전날 밤 불려 껍질을 제거해 깨끗한 물에 20분가량 삶는다.

2 양파는 얇게 채썰어 올리브유를 두른 팬에서 투명해질 때까지 볶는다.

3 냄비에 채수와 ①, ②를 넣고 중불에서 가열한다.

4 모든 재료가 부드러워지면 불을 끄고 한김 식힌다.

5 믹서에 ④를 넣고 알맹이가 거의 없어질 때까지 곱게 간다.

6 냄비에 ⑤와 코코넛밀크, 소금을 넣고 센불로 5분간 끓인다.

7 수프볼에 담고 파슬리가루를 한쪽에 뿌려 장식한다.

채수 끓이기 2리터 분량

재료 물 10컵, 무 500g, 양파 1/2개, 대파 1/2대, 다시마 10X10cm 1장

채소는 큼직하게 썰어 냄비에 분량의 물, 다시마와 함께 넣고 센불로 끓인다. 한소끔
끓어오르고 10분이 지나면 다시마를 건지고, 중불로 낮춰 15분 정도 더 끓인다. 체에
걸러 차갑게 식혀 사용한다.

- ☑ SOUP
- ☐ SALAD
- ☐ BURGER
- ☐ SANDWICH
- ☐ BURRITO
- ☐ TOAST / PIZZA

단호박수프

포만감이 높은 두유와 단호박으로 만든 수프입니다. 한끼 식사
메뉴로도 손색없죠. 수제 팥앙금을 넣어 따로 단맛을 추가하지
않아도 달달해요. 단호박과 팥, 붓기 해소에 효과적인 재료로 만든
수프예요.

ASSEMBLE

Soup Base	단호박 1/2통(200g)
Sub Ingredientt	수제 팥앙금참고 P 081 50g, 두유 200ml, 소금 1g
Topping	견과류 약간

RECIPE

1 단호박은 반 갈라 씨를 제거하고 170℃로 예열한 오븐에서 25~30분 구워
   껍질을 벗겨 2×3cm 크기로 자른 뒤 핸드믹서로 간다.

2 냄비에 ①과 두유, 소금을 넣고 센불에서 2~3분 가열한 뒤 약간
   걸쭉해지면 불을 끈다.

3 수프볼에 담고 기호에 맞게 수제 팥앙금을 가운데 올린다.

4 잣이나 호두 등의 견과류를 더해 마무리한다.

TIP

팥앙금을 함께 끓이면 색이 탁해져요.

팥앙금은 완성한 수프를 수프볼에 옮겨 담은 뒤에 넣어요.
냄비에 팥앙금을 함께 넣고 끓이면 수프의 색이 탁해져요.

- ☑ SOUP
- ☐ SALAD
- ☐ BURGER
- ☐ SANDWICH
- ☐ BURRITO
- ☐ TOAST / PIZZA

딸기애플망고수프

더운 여름에도 시원하게 즐길 수 있는 쿨 수프입니다. 냉동 과일과 비거트를 갈아 만들죠. 컬러풀한 과일로 색을 맞춰 장식하면 비주얼도 돋보여요. 크런치나 시리얼 종류를 곁들여도 좋아요. 입맛 없는 아침 가볍게 즐기세요.

ASSEMBLE

Soup Base	냉동 딸기 150g, 냉동 애플망고 150g
Sub Ingredientt	비거트 참고 P 093 40g, 소금·후춧가루 약간씩
Topping	블루베리·망고 큐브·라즈베리 10g씩, 코코넛칩·허브잎 약간씩

RECIPE

1. 믹서에 냉동 딸기와 냉동 애플망고, 비거트, 소금, 후춧가루를 넣고 곱게 간다.
2. ①을 체에 걸러 그릇에 담는다.
3. 토핑 재료인 블루베리, 망고 큐브, 라즈베리를 한 줄씩 세팅한다.
4. 허브잎은 라즈베리 사이사이에 올리고, 코코넛칩도 한 줄로 장식해 마무리한다.

TIP

딸기+바나나, 딸기+복숭아 조합도 좋아요.

비거트에 냉동 과일을 함께 갈아 수프 베이스를 만듭니다. 냉동 딸기는 망고나 바나나, 복숭아와 맛의 궁합이 좋아요.

- ☑ SOUP
- ☐ SALAD
- ☐ BURGER
- ☐ SANDWICH
- ☐ BURRITO
- ☐ TOAST / PIZZA

감자수프

찐 감자와 코코넛밀크로 부드러운 감자수프를 끓여요. 바게트나
모닝빵을 찍어 먹으면 간단한 브런치로 제격이죠. 바게트 대신 크루통을
만들어 곁들여도 좋습니다. 아이들이 먹기에도 부담 없어요.

ASSEMBLE

Soup Base	감자 3개(600g), 양송이버섯 2~3개
Sub Ingredientt	양파 1/2개, 코코넛밀크 50ml, 올리브유·소금·후춧가루 약간씩
Topping	구운 식빵 또는 바게트 2조각

RECIPE

1   감자를 찜기에 올려 센불로 25분간 찐 후 한김 식혀 포크로 으깬다.

2   양송이버섯은 슬라이스하고, 양파는 0.5cm 폭으로 채썬다.

3   냄비에 올리브유를 두르고 ②를 중불에서 볶는다.

4   재료가 반쯤 익으면 ①의 으깬 감자와 코코넛밀크, 소금, 후춧가루를
    넣고 잘 저어가며 약불로 10~15분간 끓인다. 너무 끓으면 감자의 전분이
    뭉쳐 수프가 뻑뻑해지니 원하는 농도를 체크한다.

5   완성한 수프를 그릇에 담고 바게트를 곁들인다.

크루통 만들기

재료 식빵 2장, 유기농 원당 15g, 비건 버터 30g

식빵은 사방 1.5cm 크기로 잘라 준비한다. 유기농 원당과 비건 버터를 섞어 액체
상태로 녹인다. 식빵을 푹 담가 180℃로 예열한 오븐에서 4분간 구워 완성한다.

- ☑ SOUP
- ☐ SALAD
- ☐ BURGER
- ☐ SANDWICH
- ☐ BURRITO
- ☐ TOAST / PIZZA

콜리플라워시금치수프

꽃양배추로도 불리는 콜리플라워는 영양이 풍부한 저칼로리 식품이죠.
콜리플라워에 올리브유를 듬뿍 발라 오븐에 노릇하게 구우면 그 냄새부터
입맛을 당깁니다. 초록빛 시금치수프 위에 올리니 색감도 특별해요. 작게
잘라 시금치수프에 찍어 드세요.

ASSEMBLE

Soup Base	구운 콜리플라워(콜리플라워 1송이+올리브유·소금·후추가루 약간씩)
Sub Ingredientt	시금치 1줌(60g), 양파 1/4개, 다진 마늘 15g, 현미유 10ml, 두유 150ml, 코코넛밀크 50ml
Topping	코코넛칩 약간

RECIPE

1   콜리플라워는 잎을 제거하고 밑동을 약간 잘라 평평하게 만든 뒤,
올리브유를 요리붓으로 골고루 바르고 소금과 후춧가루를 뿌린다.
200℃로 예열한 오븐에 물 1컵을 두고 25분간 굽는다.

2   시금치는 뿌리 부분만 제거하고, 양파는 사방 3cm 크기로 자른다.

3   팬에 현미유를 두르고 다진 마늘을 30초간 볶은 뒤, ②를 넣고 1분간 더
볶는다.

4   믹서에 ③과 두유, 코코넛밀크를 넣고 곱게 간다.

5   냄비에 ④를 붓고 중불로 2분가량 살짝 끓여 체에 거른다.

6   그릇에 담은 후 중앙에 ①의 구운 콜리플라워를 세운 후 코코넛칩을 잘게
부수어 뿌린다.

TIP

콜리플라워는 물 1컵을 붓고 구워요.

콜리플라워를 구울 때 오븐에 물 1컵을 놓고 구우면 채소의 수분이
날아가지 않아요. 또는 올리브유, 소금, 후춧가루를 뿌린 콜리플라워를
쿠킹포일로 감싸 구워도 촉촉하게 구워져요.

☑ SOUP
☐ SALAD
☐ BURGER
☐ SANDWICH
☐ BURRITO
☐ TOAST / PIZZA

고구마비트수프

달달한 고구마수프에 비트를 섞어 컬러플한 수프를 만들어요.
다소 밋밋한 맛의 비트도 고구마를 만나 달달하게 변신하죠.
크리미한 풍미를 원한다면 코코넛밀크를 약간 섞어주세요.

ASSEMBLE

Soup Base | 고구마 1개(150g), 비트 1/2개(100g)
Sub Ingredientt | 양파 1/2개, 마늘 2쪽, 소금·후춧가루 약간씩, 올리브유 20ml, 물 50ml
Topping | 호박씨·시나몬가루 약간씩

RECIPE

1 고구마는 찜기에서 센불로 25분간 찐 후 껍질을 벗겨 으깬다.

2 양파는 사방 1cm 크기로 썰고, 마늘은 곱게 다진다.

3 큰 냄비에 양파와 다진 마늘, 올리브유, 소금, 후춧가루를 넣고 중불로
   15분간 볶는다.

4 ③에 찐 고구마와 물을 넣고 중불로 5분간 끓인 뒤 믹서에 곱게 간다.

5 비트는 껍질을 벗겨 믹서에 곱게 갈아 체에 걸러 즙만 따로 담는다.

6 수프볼에 ④를 담고 ⑤의 비트즙을 뿌려 모양을 낸다.

7 호박씨와 시나몬가루를 토핑으로 올린다.

TIP

비트즙을 수프에 넣고 끓여도 좋아요.

컬러감 있는 수프로 기분전환을 하고 싶다면 비트즙을 수프 전체에
섞어 센불로 2분간 끓여요. 자줏빛 도는 수프를 만들 수 있어요.

☐ SOUP
☑ SALAD
☐ BURGER
☐ SANDWICH
☐ BURRITO
☐ TOAST / PIZZA

템페볼샐러드

치킨텐더샐러드 대신 비건식 템페볼샐러드는 어떤가요? 인도네시아의
청국장이라 불리는 템페를 이용한 레시피입니다. 구워만 먹던 템페가
식상하다면 겉은 바삭하고 속은 촉촉한 템페볼의 매력에 빠져보세요.

ASSEMBLE

Salad Base	템페볼(템페 1팩 500g+마늘 4~5쪽+고수 3줄기+올리브유 30ml+ 깨 20g+큐민가루 5g+베이킹소다 4g+소금 2g+후춧가루 약간+ 빵가루 50g+전분 30g), 튀김용 현미유 적당량
Sub Ingredientt	치커리·라다치오 20g씩, 방울토마토 3개
Dressing	데리야끼소스 10ml

RECIPE

1   치커리와 라다치오는 찬물에 담가 헹궈 체에 밭친다. 방울토마토는
     꼭지를 제거해 반 가른다.

2   볼에 템페볼 재료를 모두 넣고 핸드믹서로 갈아 반죽을 만든다. 손으로
     조금씩 떼어 지름 3~4cm 크기의 볼을 빚는다.

3   튀김용 현미유를 170℃로 가열해 ②를 넣고 2분간 튀긴다.

4   접시에 ①의 준비한 채소를 담고 한쪽에 튀긴 템페볼을 올린다.

5   데리야끼소스를 곁들이거나 뿌려낸다.

TIP

템페볼은 굴려가며 튀겨요.
템페볼은 굴려가며 튀겨야 골고루 익어요. 갈색이 되기 전에
기름에서 꺼내면 타지 않게 즐길 수 있어요.

☐ SOUP
☑ SALAD
☐ BURGER
☐ SANDWICH
☐ BURRITO
☐ TOAST / PIZZA

크림치즈샐러드

딸기와 크림치즈의 만남은 언제나 만족스럽죠. 은은한 향의 바질잎을
더해 샐러드를 만듭니다. 바질향이 입안에 가득 퍼지면서 치즈의
느끼함을 잡아줘요. 간단한 브런치 메뉴로 추천해요.

ASSEMBLE

Salad Base   딸기 80g, 비건 크림치즈 참고 P 022 100g
Sub Ingredientt   바질잎 50g, 양상추 3장
Dressing   비건 마요네즈 참고 P 024 10g

RECIPE

1   바질잎과 양상추는 찬물에 담가 헹궈 체에 밭친다.
2   딸기는 흐르는 물에 씻어 꼭지를 제거해 반 자른다.
3   접시에 양상추를 먹기 좋은 크기로 찢어 담는다.
4   바질잎을 올린 뒤 비건 마요네즈를 뿌린다.
5   비건 크림치즈도 먹기 좋게 잘라 딸기와 함께 토핑한다.

TIP

다이어트 중이라면 비거트 드레싱을 권해요.

샐러드 드레싱으로 비건 마요네즈 대신 플레인 비거트를 활용해도
좋습니다. 칼로리를 낮춰 다이어트식으로도 적당해요.

SOUP
✓ SALAD
BURGER
SANDWICH
BURRITO
TOAST / PIZZA

풍기샐러드

양송이버섯 갓에 마늘을 넣고 구워낸 특별한 샐러드예요. 미니양배추를
곁들여 초록빛 색감을 더했죠. 조리시간이 다른 버섯과 양배추를 각각 볶아
넣는 게 샐러드의 색을 살리는 비결입니다. 접시에 사워크림을 살짝 붓고
샐러드를 올리면 색감이 더욱 살아요.

ASSEMBLE

Salad Base	버섯마늘구이(양송이버섯 8개+마늘 4~5쪽+데리야끼소스 20ml+ 유기농 원당 22g+올리고당 15g+다진 마늘 13g+후춧가루 2g), 현미유 약간
Sub Ingredientt	미니양배추볶음(미니양배추 100g+소금·후춧가루 약간씩), 현미유 약간
Dressing	비건 사워크림 참고 P.137 30g
Topping	타임 2~3줄기 또는 파슬리가루 약간

RECIPE

1 미니양배추는 밑동을 잘라 끓는 물에 5분간 데쳐 반 자르고, 마늘도
양쪽 끝을 살짝 저며 반 자른다. 팬에 현미유를 두르고 마늘을 1분간
볶다가 미니양배추와 소금, 후춧가루를 넣고 1~2분 살짝 볶는다.

2 양송이버섯은 갓과 기둥을 분리한다.

3 팬에 현미유를 살짝 두르고 ②와 버섯마늘구이 재료를 모두 넣고
센불로 2~3분간 캐러멜화되도록 볶아 불을 끈다.

4 ③의 볶은 버섯의 갓부분에 ①의 볶은 마늘을 1개씩 넣는다.

5 접시에 비건 사워크림을 넓게 펴 담고 ④를 올린다.

6 ①의 미니양배추볶음을 올리고, 타임 줄기나 파슬리가루를 뿌려
마무리한다.

TIP

토치로 살짝 그을리면 불맛이 나요.

버섯마늘구이를 볶을 때 토치로 살짝 그을려주면 불맛이 나서 더 맛있어요.
마늘이 버섯 갓에서 자꾸 빠지면 각각 구워 접시에 담을 때 넣어요.

☐ SOUP
☑ SALAD
☐ BURGER
☐ SANDWICH
☐ BURRITO
☐ TOAST / PIZZA

팔라펠샐러드

겉은 바삭하고 속은 부드러운 팔라펠로 샐러드를 만들어봅시다. 대표적인
비건 튀김요리인 팔라펠은 인도나 중동 음식점에서 맛볼 수 있는 메뉴죠.
병아리콩을 삶지 않고 그대로 반죽에 갈아 넣어 그 맛이 더욱 담백하고
고소합니다. 사워크림은 물론 오리엔탈드레싱과도 잘 어울려요.

ASSEMBLE

Salad Base   팔라펠(병아리콩 350g+파슬리 4줄기+고수 2줄기+양파 1/4개+다진 마늘 15g+
빵가루 25g+큐민가루 5g+소금·후춧가루 약간씩), 튀김용 현미유 적당량

Sub Ingredientt   치커리·라디치오 20g씩

Dressing   비건 사워크림 참고 P.137 10g 또는 오리엔탈드레싱 10ml

RECIPE

1   병아리콩은 전날 반나절 정도 충분히 불려둔다.

2   치커리와 라디치오는 찬물에 담갔다가 헹궈 체에 밭친다.

3   볼에 ①과 팔라펠 재료를 모두 넣고 핸드믹서로 간다.

4   ③의 반죽을 숟가락 2개를 이용해 배모양처럼 떼어 170℃로 가열한
현미유에 넣는다. 2분간 타지 않도록 굴리면서 튀긴다.

5   접시에 준비한 ②의 잎채소를 담고 그 위에 튀긴 팔라펠을 올린다.

6   비건 사워크림이나 오리엔탈드레싱을 곁들이거나 뿌려 마무리한다.

병아리콩 불리기 & 삶기

병아리콩은 깨끗이 씻어 미지근한 물에 반나절 정도 불린다. 삶을 때는 냄비에 불린
병아리콩을 넣고 콩의 1.5cm 위까지 물을 부어 센불로 끓이다가 끓기 시작하면
중불로 낮추어 20분간 삶는다. 삶은 병아리콩은 체에 밭쳐 물기를 제거한다.

☐ SOUP
☑ SALAD
☐ BURGER
☐ SANDWICH
☐ BURRITO
☐ TOAST / PIZZA

구운 채소샐러드

채소 본연의 맛을 살린 샐러드예요. 따뜻한 샐러드로 칼로리는 낮게,
속은 든든하게 채우세요. 버섯과 가지에 칼집을 넣어 구우면 식감도 더
쫄깃해지고 소스도 잘 스며들죠. 가지를 구울 때는 소스가 캐러멜화가
되도록 조려주세요. 와인안주로도 좋습니다.

ASSEMBLE

Salad Base	가지구이(가지 1/2개+다진 양파 1/4개+다진 홍고추·다진 청양고추 1/2개씩+간장 10ml+유기농 원당 5g+소금·후춧가루 약간씩)
Sub Ingredientt	새송이버섯 1개, 단호박 1/8통, 양파 1개, 올리브유 약간
Dressing	비건 사워크림 15g
Topping	로즈마리 1줄기

RECIPE

1 가지는 반 갈라 사선으로 칼집낸다.

2 칼집낸 가지 위에 다진 양파와 다진 고추를 얹고 간장과 유기농 원당, 소금,
후춧가루를 섞어 그 위에 뿌린다. 팬에 올려 약불에서 가지를 뒤집지 말고
소스를 끼얹어가며 조린다.

3 새송이버섯은 줄기부분만 4cm 길이로 잘라 위쪽만 칼집을 내고, 단호박은
씨를 발라낸다. 양파는 1cm 두께로 원형 슬라이스한다.

4 165℃로 예열한 오븐에서 새송이버섯과 단호박을 15분간 굽는다.

5 팬에 올리브유를 살짝 두르고 ④와 양파 슬라이스를 올려 노릇하게 굽는다.
새송이버섯은 앞뒤 노릇하게 굽고 마지막에 칼집부분이 더 노릇해지게 굽는다.

6 접시에 ②의 가지구이와 ⑤의 구운 채소를 플레이팅하고 로즈마리로 장식한다.
비건 사워크림은 따로 곁들인다.

비건 사워크림 만들기 205g 분량

재료 비거트 80g, 오트밀크 125ml, 레몬즙 2~3ml

볼에 모든 재료를 넣고 골고루 섞는다. 일반 사워크림은 요구르트와 우유가 주재료인
반면 비건 사워크림은 비거트와 오트밀크로 만든다.

- [ ] SOUP
- [x] SALAD
- [ ] BURGER
- [ ] SANDWICH
- [ ] BURRITO
- [ ] TOAST / PIZZA

토마토카프레제

카프레제는 이탈리아 카프리 섬에서 전해진 요리예요. 토마토, 치즈,
바질잎으로 만든 샐러드로 색과 맛의 조화가 일품이죠. 보통 토마토와
치즈를 슬라이스해 플레이팅하는데, 오늘은 토마토 위에 바질과 치즈를 얹어
돛단배처럼 만들어요. 와인, 칵테일과도 잘 어울립니다.

ASSEMBLE

Salad Base	토마토 1개, 비건 크림치즈 ^{참고 P 022} 16g
Sub Ingredientt	어린 바질잎 8장
Dressing	발사믹소스 16ml

RECIPE

1   토마토는 꼭지를 제거하고 십자모양으로 8등분한다.

2   접시에 토마토를 올리고 위에 비건 크림치즈를 1작은술(약 2g)씩 올린다.

3   발사믹소스를 전체적으로 뿌린다.

4   어린 바질잎을 비건 크림치즈 위에 올려 마무리한다.

발사믹소스 만들기 50ml 분량

재료 발사믹 글레이즈 30ml, 올리브유 20ml, 조청·소금·후춧가루 약간씩

볼에 모든 재료를 넣고 섞는다. 발사믹소스는 사용하기 직전에 만들어야 기름이
겉돌지 않는다.

☐ SOUP
☑ SALAD
☐ BURGER
☐ SANDWICH
☐ BURRITO
☐ TOAST / PIZZA

아스파라거스퀴노아샐러드

아스파라거스에 토마토살사소스를 얹은 샐러드예요. 여기에 삶은 퀴노아를
살짝 뿌려 고소함과 영양까지 다 잡았죠. 파스타, 필라프 같은 요리와
곁들여도 좋습니다. 퀴노아는 밥을 하듯 불조절해가며 삶아요.

ASSEMBLE

Salad Base	아스파라거스 6개, 퀴노아 25g, 소금·현미유 약간씩
Sub Ingredientt	방울토마토 3개
Dressing	토마토살사소스 40g
Topping	고수잎 약간

RECIPE

1 방울토마토는 꼭지를 제거해 반으로 자른다.

2 아스파라거스는 끓는 물에 소금을 약간 넣고 데친다.

3 퀴노아는 체에 밭쳐 씻어 냄비에 넣고 찬물을 붓는다. 물이 끓기 시작하면
10분간 더 끓여 체에 밭쳐 한김 식힌다. 퀴노아가 C자 모양이 되면 완성이다.

4 팬에 현미유를 두르고 ②의 아스파라거스를 노릇해지도록 굽는다.

5 접시에 구운 아스파라거스를 가지런히 놓고 삶은 퀴노아를 그 위에 올린다.

6 한쪽에 방울토마토를 담고 그 위에 토마토살사소스를 뿌린 후 약간의
고수잎을 토핑한다.

토마토살사소스 만들기 50g 분량

재료 토마토·양파 20g씩, 다진 할라피뇨 4g, 타바스코 1ml,
레몬즙·소금·후춧가루 약간씩

토마토와 양파는 잘게 다진다. 다진 양파는 찬물에 잠시 담가 매운맛을 빼어 다진
토마토, 남은 재료를 모두 넣고 섞어 완성한다.

☐ SOUP
☑ SALAD
☐ BURGER
☐ SANDWICH
☐ BURRITO
☐ TOAST / PIZZA

병아리콩샐러드

반 자른 청피망에 병아리콩을 담아 더 향긋하고 신선하게 즐기는
샐러드입니다. 비건 치즈를 올려 토치로 구워내니 채소를 싫어하는
사람들도 맛있게 먹을 수 있죠. 피망의 아삭한 식감이 샐러드의 싱싱한
맛을 더해줍니다.

ASSEMBLE

Salad Base	병아리콩 20g, 청피망 1/2개, 양파 1/8개,
	오이 1/6개, 토마토 1/4개, 블랙올리브 2개
Sub Ingredientt	비건 슬라이스 치즈 1장
Dressing	발사믹소스 참고 P.139 15ml

RECIPE

1   병아리콩은 전날 밤 불렸다가 동량의 물을 부어 20분간 센불로 삶는다.

2   청피망은 세로로 반 잘라 속을 파낸다.

3   양파와 오이, 토마토는 사방 1cm 크기로 자르고 블랙올리브는
    슬라이스한다.

4   볼에 삶은 병아리콩과 ③의 다진 채소를 담고 발사믹소스와 버무린다.

5   ②의 청피망에 ④를 담고 비건 슬라이스 치즈를 사방 1cm 크기로 찢어
    올린다.

6   토치로 치즈 표면을 노릇하게 그을려 마무리한다.

TIP

피망 꼭지는 그대로 두어요.

피망을 손질하고 반 자를 때 꼭지는 도려내지 말고 그대로 두어요.
피망 꼭지가 있어야 완성 시 샐러드의 비주얼이 더 살아요.

☐ SOUP
☐ SALAD
☑ BURGER
☐ SANDWICH
☐ BURRITO
☐ TOAST / PIZZA

비욘드미트버거

불고기가 없는 비건식 불고기버거입니다. 비욘드미트와 병아리콩
후무스로 그 맛을 냈죠. 색다른 맛의 조화를 느낄 수 있어요. 병아리콩은
최소 6시간 이상 불려야 부드러운 후무스를 만들 수 있답니다.

ASSEMBLE

Bread   비건 번 1개, 비건 버터 _{참고 P 020} 10g
Fillings   구운 비욘드미트(비욘드미트 1개+데리야끼소스 10ml), 현미유 10ml
          후무스 1스쿱(30g), 양상추 1장, 양파 슬라이스 1cm 두께 1개,
          비건 슬라이스 치즈 1장
Sauce   비건 마요네즈 _{참고 P 024} 10g

RECIPE

1   팬에 현미유를 두르고 해동한 비욘드미트를 앞뒤 노릇하게
      굽는다. 비욘드미트가 노릇해지면 데리야끼소스를 넣어 중불로
      캐러멜화되도록 앞뒤로 굽는다.

2   비건 번은 커팅해 비건 버터를 바르고 팬에서 센불로 2분간 굽는다.

3   같은 팬에서 양파 슬라이스도 센불로 앞뒤 1분씩 굽는다.

4   ②에 비건 마요네즈를 바르고, 비건 슬라이스 치즈는 반 자른다.

5   ④의 번 위에 양상추 〉 비건 치즈 〉 구운 비욘드미트 〉 후무스 〉 구운
      양파 〉 비건 치즈 순으로 올린 후 남은 번으로 덮어 완성한다.

후무스 만들기 275g 분량

재료 병아리콩 1/2컵(50g), 참깨 70g, 올리브유 40ml, 레몬즙 30ml, 다진 마늘 5g,
소금 2g, 후춧가루 약간, 병아리콩 삶은 물 80ml

병아리콩은 6시간 이상 불려 냄비에 콩의 1.5cm 위까지 물을 부어 센불에서 30분
끓인다. 삶은 병아리콩을 찬물에 헹궈 믹서에 참깨와 함께 넣고 갈다가 올리브유,
레몬즙, 다진 마늘, 소금, 후춧가루를 넣는다. 병아리콩 삶은 물을 조금씩 넣어가며
원하는 농도가 될 때까지 곱게 간다.

☐ SOUP
☐ SALAD
☑ BURGER
☐ SANDWICH
☐ BURRITO
☐ TOAST / PIZZA

템페버거

템페는 콩을 발효시켜 만든 인도네시아의 대표 음식입니다. 풍부한 영양소에
무엇보다 소화가 잘 되는 장점을 가지고 있죠. 템페를 튀기듯 구워 겉은
바삭하면서 속은 촉촉한 패티를 만들어요. 양파버섯볶음, 비건 치즈, 토마토,
어린잎채소와 함께 넣으면 맛있는 버거가 완성됩니다.

ASSEMBLE

Bread	비건 번 1개
Fillings	템페 1팩, 양파버섯볶음(양파 1/4개+표고버섯 2개+다진 마늘 3g+ 소금·후춧가루 약간씩), 현미유 적당량 토마토 슬라이스 1개, 비건 슬라이스 치즈 1장, 어린잎채소 1g
Sauce	스리라차소스 6g, 비건 마요네즈 참고 P.024 10g

RECIPE

1 템페는 1.5cm 폭으로 자르고, 비건 슬라이스 치즈는 반 자른다.

2 양파는 채썰고, 표고버섯은 0.5cm 폭으로 슬라이스한다.

3 팬에 현미유를 둘러 양파버섯볶음 재료를 모두 넣고 센불로 1~2분 볶는다.

4 팬에 현미유를 둘러 템페를 센불에서 2분가량 앞뒤 노릇하게 굽는다.

5 비건 번은 커팅해 치즈 1/2장을 올려 170℃로 예열한 오븐에서 2분간 굽는다.

6 ⑤에 비건 마요네즈를 펴바른 후 구운 템페 〉 양파버섯볶음 〉 스리라차소스
　〉 토마토 〉 치즈 1/2장 〉 어린잎채소 순으로 올린 후 남은 번으로 덮어
　완성한다.

스리라차소스 만들기 400g 분량

재료 마른 홍고추 200g, 마늘 20g, 유기농 원당 15g, 소금 5g, 물 60ml,
식초 100ml, 고구마전분 3~4g

마른 홍고추는 씻어 꼭지를 떼고 물기를 제거해 크게 썬다. 믹서에 홍고추와 마늘,
유기농 원당, 소금, 물, 식초, 전분을 넣고 간다. 5일간 서늘한 곳에서 발효시켜
유리병에 담아 사용한다.

SOUP
SALAD
☑ BURGER
SANDWICH
BURRITO
TOAST / PIZZA

비건치즈버거

비건 치즈와 두부채소패티가 들어간 치즈버거입니다. 고기보다 맛있는
두부채소패티와 고소한 비건 치즈의 맛을 느껴보세요. 패티를 작게
만들어 모닝빵 사이에 넣고 한입으로 즐겨도 좋아요. 피크닉 메뉴로도
추천합니다.

ASSEMBLE

Bread	비건 번 1개, 비건 버터 참고 P 020 10g
Fillings	두부채소패티(두부 1/2모+표고버섯 70g+양파 1/2개+당근 1/4개+ 참기름 5g+전분 27g+빵가루 18g+소금·후춧가루 약간씩), 현미유 10ml 로메인 1장, 양파·토마토 슬라이스 0.5cm 두께 1개씩, 비건 체다치즈 1장
Sauce	비건 마요네즈 참고 P 024 10g, 비건 머스터드소스 10g

RECIPE

1 두부는 물기를 제거해 으깨고 버섯, 양파, 당근은 사방 0.3cm 크기로 잘게 썬다.

2 볼에 두부채소패티의 모든 재료를 넣고 골고루 버무려 섞는다.

3 ②를 동글납작한 모양으로 만들어 냉동실에서 1시간 정도 두어 굳힌다.

4 ③을 꺼내어 팬에 현미유를 두르고 센불에서 앞뒤 2~3분씩 굽는다.

5 비건 번은 커팅해 비건 버터를 바르고 팬에서 센불로 앞뒤 2~3분씩 굽는다.
   양파 슬라이스도 센불로 앞뒤 1분씩 굽는다.

6 구운 번 양쪽에 비건 마요네즈와 비건 머스터드소스를 섞어 바른다.

7 번 위에 로메인 〉 비건 체다치즈 〉 두부채소패티 〉 구운 양파 〉 토마토 순으로
   올린 후 남은 번으로 덮어 마무리한다.

비건 머스터드소스 만들기 95g 분량

재료 겨자 20g, 비건 마요네즈 50g, 식초 5ml, 조청 20g

볼에 모든 재료를 넣고 골고루 섞는다. 샐러드와 샌드위치에 잘 어울리며, 마요네즈와
섞어 쓰면 머스터드소스의 강한 맛을 중화시켜 풍미가 더욱 좋아진다.

SOUP
SALAD
BURGER
☑ SANDWICH
BURRITO
TOAST / PIZZA

바게트샌드위치

스리라차소스와 비건 마요네즈로 중화요리의 매콤한 맛을 살린
샌드위치입니다. 당근, 애호박, 표고버섯 등 냉장고 속 자투리 채소로
만들죠. 톡 쏘는 탄산음료나 에이드와도 잘 어울려요.

ASSEMBLE

Bread | 바게트 1/4개(15cm)
Fillings | 채소볶음(애호박·당근 1/2개씩+양파 1/4개+표고버섯 2개+스리라차
소스 참고 P 147 10g, 다진 마늘·소금·후춧가루 약간씩), 올리브유 약간, 양상추 1장
Sauce | 비건 마요네즈 참고 P 024 10g
Topping | 고수 약간

RECIPE

1   애호박은 반달모양으로 자르고, 당근과 양파는 0.3cm 두께로 얇게
    채썬다. 표고버섯도 슬라이스한다.
2   팬에 올리브유를 살짝 둘러 애호박, 당근, 양파, 다진 마늘, 소금,
    후춧가루를 넣고 중불로 볶다가 표고버섯과 스리라차소스를 넣어 함께
    볶는다.
3   바게트는 세로로 갈라 200℃로 예열한 오븐에서 2분간 굽는다.
4   구운 바게트 안쪽에 비건 마요네즈를 바르고 양상추를 깔고 ②의
    채소볶음을 올린다.
5   고수잎을 올려 장식한다.

TIP

채소볶음 마지막 단계에서 토치로 불맛을 내요.

채소 재료를 다 볶은 뒤 토치로 살짝 그을리면 불맛이 살아나 더
맛있어요. 채소 종류는 조금씩 달라져도 괜찮아요.

☐ SOUP
☐ SALAD
☐ BURGER
☑ SANDWICH
☐ BURRITO
☐ TOAST / PIZZA

포카치아샌드위치

올리브와 소금, 허브 등을 반죽해 만든 이탈리아 빵 포카치아는 겉은
바삭바삭하고 속은 쫄깃하죠. 느타리버섯볶음과 과카몰리가 포카치아와
잘 어울립니다. 점심에 커피 한잔과 즐기기 좋은 메뉴예요.

ASSEMBLE

Bread	포카치아 1.5cm 슬라이스 2장
Fillings	느타리버섯볶음(느타리버섯 100g+간장 15ml+유기농 원당 5g+ 소금·후춧가루 약간씩), 토마토 슬라이스 0.5cm 두께 1개, 케일 1장, 오이피클 슬라이스 2개분, 과카몰리 20g, 비건 슬라이스 치즈 1장
Sauce	비건 마요네즈 참고 P 024 10g

RECIPE

1 느타리버섯은 가닥가닥 분리하고 간장, 유기농 원당, 소금, 후춧가루를 넣어
버무려 센불에서 2분간 볶다가 중불로 낮추어 5분 더 볶는다.

2 오이피클은 체에 밭쳐 물기를 제거한다.

3 비건 슬라이스 치즈를 반 나눠 포카치아에 각각 올린다.

4 165℃로 예열한 오븐에 ③을 넣고 2분간 굽는다.

5 구운 포카치아 위에 비건 마요네즈를 바르고, 토마토 슬라이스 〉 케일 〉
과카몰리 〉 오이피클 〉 느타리버섯볶음 순으로 올린 후 남은 포카치아로
덮는다.

과카몰리 만들기 255g 분량

재료 아보카도 1개, 토마토 1/2개, 양파 1/8개, 올리브유 10ml, 레몬즙 5ml,
소금·후춧가루 약간씩

토마토와 양파는 잘게 썰고 아보카도는 씨를 제거한 뒤 과육만 발라 숟가락으로
으깬다. 볼에 모든 재료를 넣고 섞어 완성한다.

☐ SOUP
☐ SALAD
☐ BURGER
☐ SANDWICH
☑ BURRITO
☐ TOAST / PIZZA

비건미트볼부리또

잘게 다진 비욘드미트로 비건 미트볼을 빚어 부리또를 만듭니다.
토르티야에 미트볼과 각종 채소를 올린 뒤 고깔 모양처럼 말아 작은 컵에
넣으면 미트볼파르페 같죠. 에이드 종류와 즐기기 좋아요.

ASSEMBLE

Bread	토르티야 1장
Fillings	비건 미트볼(다진 비욘드미트 60g+다진 양파 30g+다진 마늘 10g+
	소금·후춧가루 약간씩), 튀김용 현미유 적당량
	오이·토마토 1/4개씩, 양파 약간, 양상추 1장
	미트볼소스(데리야끼소스 10ml+다진 마늘 5g+올리고당 10g)
Sauce	비건 마요네즈 참고 P 024 15g

RECIPE

1 오이, 양파, 토마토는 사방 1cm 크기로 작게 썬다. 양상추는 먹기 좋은
   크기로 찢는다.

2 비건 미트볼을 만든다. 다진 비욘드미트에 다진 양파, 다진 마늘, 소금,
   후춧가루를 섞어 주무르듯 반죽한 뒤 지름 3cm 크기로 빚는다.

3 팬에 튀김용 현미유를 달구어 ②를 넣고 약불에서 1~2분간 튀긴다.

4 데리야끼소스, 다진 마늘, 올리고당을 섞어 미트볼소스를 준비한다.

5 다른 팬에 ④를 넣고 튀긴 비건 미트볼을 센불로 굴려가며 약 1분간 굽는다.

6 토르티야에 양상추를 올리고 비건 마요네즈를 골고루 뿌린다.

7 잘게 썬 오이, 토마토, 양파를 올리고 마지막에 ⑤를 올려 고깔모양으로
   말아준다.

TIP

부리또는 작은 컵에 꽂아요.
완성한 부리또는 작은 컵에 꽂아 모양을 고정시켜요. 미트볼이
무거워서 아래로 빠질 수도 있으니 아래 쪽에 채소를 많이 채워요.

SOUP
SALAD
BURGER
SANDWICH
✔ BURRITO
TOAST / PIZZA

아보카도두부랩

반찬으로 즐겨 먹는 두부조림을 넣은 부리또예요. 짭조름한
두부조림과 고소한 아보카도가 생각보다 잘 어울리죠. 마치 양식을
즐기는 기분이 들어요.

ASSEMBLE

Bread   토르티야 1장
Fillings   두부조림(두부 1/4모+양파 1/4개+청고추·홍고추 1/2개씩+비건 쯔유 30ml+
            다진 마늘·조청·유기농 원당 5g씩), 덧가루용 전분·현미유 약간씩,
            아보카도 1/2개, 당근 1/4개, 깻잎·로메인 1장씩
Sauce   비건 마요네즈 ^{참고 P 024} 10g

RECIPE

1   두부는 1.5cm 두께로 잘라 칼집을 내어 면포에 올려 물기를 뺀다.
2   양파와 고추는 다지고 나머지 재료와 섞어 두부조림용 소스를 만든다.
3   물기를 뺀 두부 앞뒷면에 덧가루용 전분을 묻혀 현미유를 두른 팬에서
      중불로 5분간 굽는다. ②의 양념을 두부에 끼얹어가며 약불로 조린다.
4   아보카도는 0.5cm 두께로 슬라이스하고, 당근은 0.3cm 폭으로 채썬다.
      깻잎과 로메인은 물기를 턴다.
5   토르티야에 비건 마요네즈를 뿌리고 깻잎과 로메인을 펼친다.
6   ⑤에 아보카도, 당근, 두부조림을 올려 말은 후 먹기 좋은 크기로 자른다.

TIP

토르티야는 꾹꾹 눌어가며 말아요.
토르티야에 속재료를 너무 많이 넣으면 잘 말리지 않아요. 적당한 양을 넣고
눌러가며 말아야 토르티야를 잘랐을 때 풀리지 않아요.

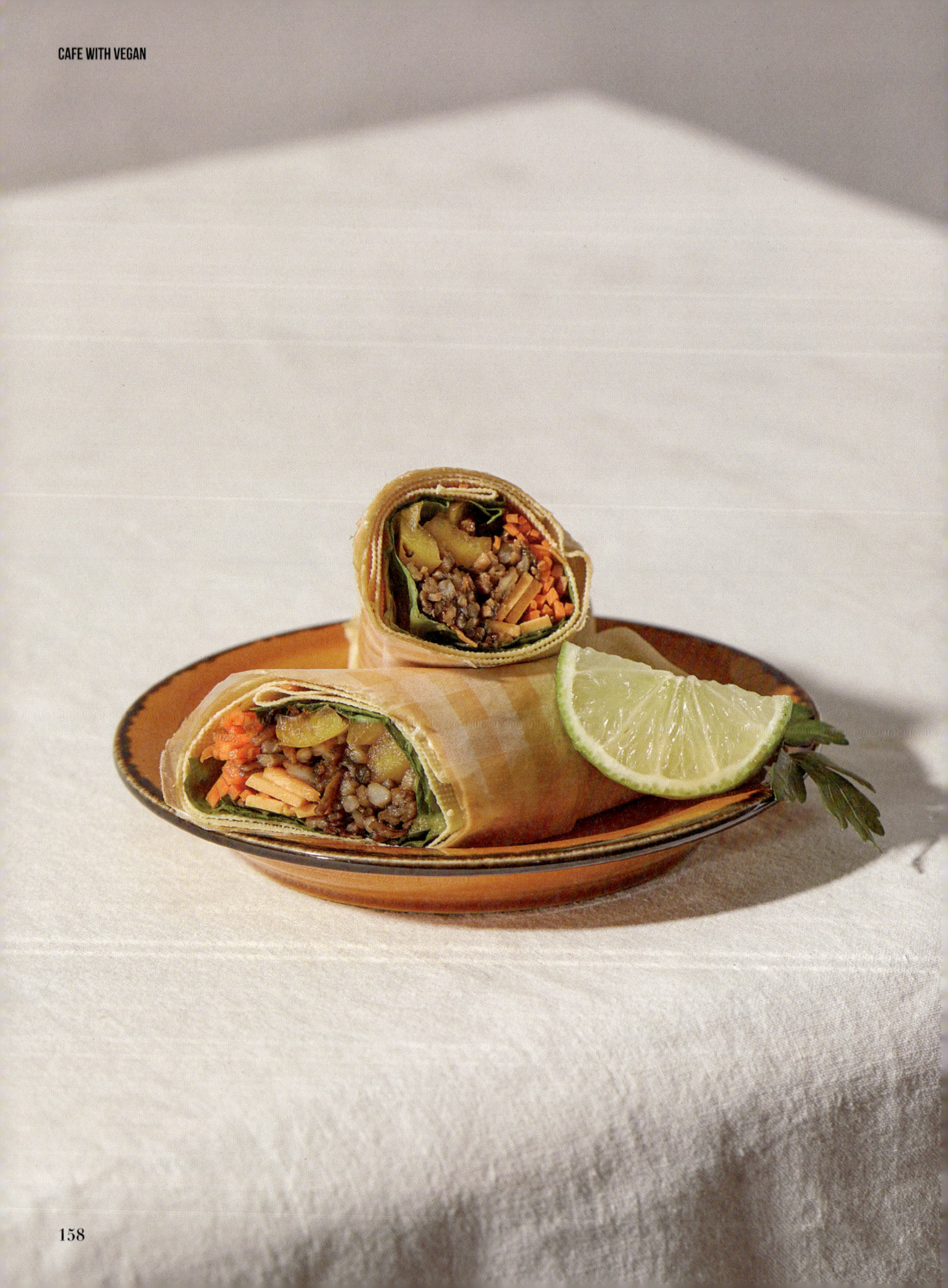

☐ SOUP
☐ SALAD
☐ BURGER
☐ SANDWICH
☑ BURRITO
☐ TOAST / PIZZA

버섯부리또

토르티야 대신 포두부로 감싼 담백한 부리또예요. 버섯의 쫄깃한
식감과 간장소스의 달달한 맛이 특징이죠. 포두부는 풀리기 쉬우니 말
때 신경써주세요. 다이어트 중이라면 마요네즈와 유기농 원당을 빼고
만들어요.

ASSEMBLE

Bread	포두부 1장
Fillings	느타리버섯볶음(느타리버섯 100g+간장 10ml+유기농 원당 5g+
	소금·후춧가루 약간씩), 현미유 약간
	로메인 3~4장, 파프리카·당근 1/4개씩, 비건 슬라이스 치즈 1장
Sauce	비건 마요네즈 참고 P 024 10g

RECIPE

1 로메인은 찬물에 담갔다가 체에 밭친다. 파프리카는 1cm, 당근은 0.5cm
   두께로 채썬다. 비건 슬라이스 치즈는 1cm 폭으로 자른다.

2 느타리버섯은 가닥가닥 분리해 간장, 유기농 원당, 소금, 후춧가루에
   버무린다. 현미유를 두른 팬에 올려 센불에서 4분간 볶는다.

3 포두부를 넓게 펴고 로메인을 깔아준 뒤 비건 마요네즈를 뿌린다.

4 ②의 버섯볶음과 파프리카, 당근, 비건 슬라이스 치즈를 올려 돌돌 만다.

5 속재료가 빠지지 않도록 잘 말아주고 반으로 자른다.

TIP

포두부는 실온해동해 사용해요.

냉동 포두부는 반드시 실온해동 후 사용해요. 완전히 해동되지
않으면 찢어지기 쉬워요. 실온에서 최소 1시간 이상 두어요.

SOUP
SALAD
BURGER
SANDWICH
✓ BURRITO
TOAST / PIZZA

김치볶음밥부리또

식상한 김치볶음밥은 이제 그만! 김치볶음밥을 색다르게 즐겨봅시다.
김치볶음밥에 채소를 더해 김밥을 싸듯 부리또로 돌돌 말았죠.
젓갈이 들어가지 않는 비건 김치로 만들어 더 깔끔한 맛이 납니다.
비건 마요네즈가 김치볶음밥의 매운맛을 덜어줘요.

ASSEMBLE

Bread   포두부·김 1장씩
Fillings   김치볶음밥(밥 1/2공기+비건 김치 1/2컵+양파 1/4개+
표고버섯 3개+대파 1/4대), 현미유 약간
오이양상추샐러드(오이 1/2개+양상추 2장+비건 마요네즈 참고 P 024 10g)

RECIPE

1   오이, 양상추는 얇게 채썰어 비건 마요네즈에 버무린다.
2   비건 김치, 양파, 표고버섯, 대파는 잘게 다진다.
3   팬에 현미유를 두르고 다진 파를 볶아 파기름을 낸 뒤, 비건 김치와 양파,
표고버섯을 넣어 센불로 2~3분 볶다가 중불로 줄여 5~10분 더 볶는다.
4   ③에 밥을 넣고 섞어가며 볶아 불을 끈다.
5   포두부 위에 김을 펴고 ④의 김치볶음밥을 골고루 펼쳐 올린다.
6   중앙에 ①을 올리고 김밥처럼 돌돌 말아 적당한 크기로 자른다.

TIP

파기름부터 만들어요.
김치볶음밥을 볶기 전, 기름에 파를 볶아 파기름부터 내요.
센불에서 1~2분만 볶아야 파가 타지 않아요.

SOUP
SALAD
BURGER
SANDWICH
BURRITO
✓ TOAST / PIZZA

블루베리토스트

과일을 그대로 유기농 원당에 조린 콩포트는 토스트와 단짝입니다. 그
사이에 코코넛크림을 더하면 부드럽고 달콤하죠. 토스트를 바삭하게
즐기고 싶다면 각각 세팅해도 좋아요.

ASSEMBLE

Bread	비건 식빵 1장, 비건 버터 참고 P 020 10g
Spread	코코넛크림 참고 P 026 150g, 바닐라시럽 참고 P 252 20ml
Topping	블루베리콩포트 참고 P 240 30g
Garnish	슈거파우더·허브잎 약간씩

RECIPE

1 비건 식빵 한쪽 면에 비건 버터를 발라 센불로 앞뒤 노릇하게 1~2분씩
  굽는다.

2 볼에 코코넛크림과 바닐라시럽을 넣고 휘핑기로 휘핑한다.

3 토스트한 식빵 위에 ②를 올린다.

4 블루베리콩포트를 올린 뒤 고운체로 슈거파우더를 뿌린다.

5 허브잎으로 장식해 마무리한다.

TIP

크림은 충분히 휘핑해요.

코코넛크림과 바닐라시럽을 섞을 때는 충분히 휘핑해주세요. 약간
흐를 정도로 휘핑해야 크림의 느낌이 나요.

☐ SOUP
☐ SALAD
☐ BURGER
☐ SANDWICH
☐ BURRITO
☑ TOAST / PIZZA

터치애플파이토스트

꽃모양의 사과가 시선을 사로잡는 토스트입니다. 사과와 시나몬은 잘
어울리는 조합이죠. 모카엑기스에 시럽을 섞어 토스트에 바르니 맛과
향이 더욱 풍부해집니다. 진한 블랙커피와 어울려요.

ASSEMBLE

Bread	비건 식빵 1장
Spread	모카시럽(모카엑기스 15ml+시럽 10ml), 비건 크림치즈 참고 P.022 10g
Topping	사과 1개, 레몬물(레몬즙 20ml, 유기농 원당 20g)
Garnish	호두·호박씨·해바라기씨·시나몬가루 약간씩

RECIPE

1 사과는 0.3cm 두께로 슬라이스해 레몬즙과 유기농 원당을 섞은 레몬물에
  5분간 담갔다가 170℃로 예열한 오븐에서 10분간 굽는다.

2 모카엑기스와 시럽을 섞어 모카시럽을 만든다.

3 비건 식빵을 마른 팬에 올려 센불로 앞뒤 노릇하게 1~2분씩 굽는다.

4 노릇하게 구운 식빵에 ②의 모카시럽을 펴바르고 비건 크림치즈를 올린다.

5 구운 사과 슬라이스를 하나씩 크림치즈에 꽂으며 꽃모양을 만든다.

6 호두, 호박씨, 해바라기씨를 애플플라워 주위에 뿌리고 시나몬가루를 체쳐
  장식한다.

TIP

사과는 레몬물에 담가야 변색되지 않아요.

슬라이스한 사과는 레몬물에 담갔다가 오븐에 구워요. 170℃ 오븐에서
10분간 구우면 꽃모양 잡기가 한결 수월해지죠. 사과 슬라이스 사이에
다른 사과 슬라이즈를 덧댄다고 생각하고 꽂으면 되어요.

☐ SOUP
☐ SALAD
☐ BURGER
☐ SANDWICH
☐ BURRITO
☑ TOAST / PIZZA

시금치아티초크토스트

서양의 불로초라고 불리는 아티초크는 보통 딥으로 즐기죠. 시금치와
치즈까지 듬뿍 넣어 아티초크 딥을 만듭니다. 토스트에 바르면
고소하면서도 풍부한 맛에 자꾸 손이 갑니다. 베이글과도 어울려요.

ASSEMBLE

Bread   깜빠뉴 1개
Spread   시금치아티초크딥(아티초크하트 1개+시금치 200g+대파 1대+다진 마늘 15g+
소금·후춧가루 약간씩+올리브유 50ml+비건 슬라이스 치즈 3장+
비건 크림치즈 참고 P 022 100g+비건 마요네즈 참고 P 024 130g)

RECIPE

1   아티초크는 껍질을 벗겨 아티초크하트 부분만 남긴다. 시금치는 소금
한꼬집을 넣은 끓는 물에 살짝 데치고, 대파는 큼직하게 썬다.

2   중불로 달군 팬에 올리브유를 두르고 대파를 먼저 볶아 파기름을 낸 뒤
아티초크하트, 데친 시금치, 다진 마늘, 소금, 후춧가루를 넣고 2분간 볶아
한김 식힌다.

3   볼에 ②와 비건 슬라이스 치즈, 비건 크림치즈, 비건 마요네즈를 더해
핸드믹서로 2분 정도 간다.

4   오븐용 그릇에 ③을 담아 180℃로 예열한 오븐에서 15-20분간 굽는다.

5   마른 팬에 깜빠뉴를 1분간 노릇하게 구워 완성한 시금치아티초크딥과
곁들여낸다.

TIP

딥 재료는 핸드믹서로 갈아줘요.
딥 재료가 너무 곱게 갈리지 않도록 주의해요. 믹서는 스프레드 제형으로
갈리는 반면 핸드믹서를 이용하면 알맹이가 남아 식감을 살릴 수 있어요.

☐ SOUP
☐ SALAD
☐ BURGER
☐ SANDWICH
☐ BURRITO
☑ TOAST / PIZZA

코코넛아이스크림토스트

바삭한 토스트를 잘라 코코넛아이스크림을 찍어 먹어봐요. 따뜻한 빵과
차가운 아이스크림이 생각보다 잘 어울린답니다. 살짝 태운 유기농 원당이
토스트를 코팅해 더 바삭해요.

ASSEMBLE

Bread   비건 식빵 1장, 비건 버터 참고 P 020 10g
Spread   유기농 원당 10g, 코코넛아이스크림 1스쿱
Topping   땅콩 분태·다진 마카다미아·딸기후레이크 약간씩
Garnish   허브잎 약간

RECIPE

1   비건 식빵 한쪽 면에 비건 버터를 발라 센불로 앞뒤 노릇하게
       1~2분씩 굽는다.

2   비건 버터를 바른 식빵 면이 위쪽에 오게 하고 유기농 원당을
       골고루 뿌린 후 토치로 살짝 태운다.

3   ② 위에 코코넛아이스크림 1스쿱을 올린다.

4   아이스크림 주변으로 땅콩 분태, 다진 마카다미아,
       딸기후레이크를 토핑한다.

5   허브잎을 포인트로 장식한다.

TIP

아이스크림이 녹기 전에 드세요.

토치로 태운 원당 위에 아이스크림을 올려 빨리 녹을 수 있어요.
차가운 아이스크림부터 즐기다가 녹으면 스프레드처럼 빵에 발라 먹어요.

- [ ] SOUP
- [ ] SALAD
- [ ] BURGER
- [ ] SANDWICH
- [ ] BURRITO
- [x] TOAST / PIZZA

초코바나나토스트 & 딸기블루베리토스트

달달한 토스트가 생각날 때는 과일과 스프레드, 크림을 준비해요. 비건
초코스프레드와 크림치즈, 비거트로 달콤한 맛을 살립니다. 간단 브런치 메뉴는
물론 간식으로도 적당해요.

ASSEMBLE / RECIPE

초코바나나토스트

Bread · 비건 식빵 1장, 비건 버터 ^{참고 P 020} 10g
Spread · 비건 초코스프레드 10g
Topping · 바나나 1개, 비건 버터·견과류·슈거파우더 약간씩

1   바나나는 길이대로 1cm 폭으로 슬라이스한다.
2   비건 식빵 한쪽 면에 비건 버터를 발라 센불로 앞뒤 노릇하게 1~2분씩 굽는다.
3   ①의 슬라이스한 바나나도 비건 버터를 발라 중불에서 앞뒤 1분씩 굽는다.
4   토스트한 식빵 위에 비건 초코스프레드를 바른다.
5   구운 바나나를 올리고 견과류와 슈거파우더를 토핑한다.

딸기블루베리토스트

Bread · 비건 식빵 1장, 비건 버터 ^{참고 P 020} 6g
Spread · 블루베리잼 10g
Topping · 딸기 3개, 블루베리 8~9개, 비건 크림치즈 ^{참고 P 022} 12g, 비거트 ^{참고 P 093} 12g

1   비건 식빵 한쪽 면에 비건 버터를 발라 센불로 앞뒤 노릇하게 1~2분씩 굽는다.
2   비건 버터를 바른 식빵 면이 위쪽에 오게 하고 블루베리잼을 골고루 펴바른다.
3   딸기는 반 자르고 블루베리는 물기를 제거한다.
4   비건 크림치즈와 비거트를 휘핑볼에 담아 휘핑기로 섞은 뒤 짤주머니에 담는다.
5   ② 위에 딸기 슬라이스와 ④를 번갈아가며 체스판 모양으로 토핑한다.
6   블루베리를 교차점에 올려 마무리한다.

비건 초코스프레드 만들기 200g 분량

재료 캐슈너트·커버추어 다크초콜릿 100g씩

캐슈너트는 믹서에 곱게 갈아주고, 커버추어 다크초콜릿은 중탕시켜 녹인다.
볼에 모든 재료를 골고루 섞는다.

SOUP
SALAD
BURGER
SANDWICH
BURRITO
✓ TOAST / PIZZA

피자토스트

과거 프랑스 시골에서 농민들이 만들어 먹던 깜빠뉴는 호밀가루와
밀가루, 르방 등을 반죽해 구운 빵입니다. 깜빠뉴를 이용해 남녀노소
누구나 좋아할 만한 피자토스트를 만들어요. 식빵을 두툼하게 잘라
사용해도 됩니다.

ASSEMBLE

Bread   깜빠뉴 1개
Spread   토마토소스 30g
Topping   방울토마토 1개, 블랙올리브 2개, 양파 1/8개, 통조림 옥수수 25g,
       비건 슬라이스 치즈 1/2장
Garnish   파슬리가루 약간

RECIPE

1   방울토마토는 반 자르고 블랙올리브도 슬라이스한다.

2   양파는 얇게 채썰고 통조림 옥수수는 찬물에 한 번 헹궈 체에 밭친다.

3   깜빠뉴는 1.5cm 두께로 잘라 한쪽 면에 토마토소스를 얇게 펴바른다.

4   ③ 위에 양파 〉통조림 옥수수 〉블랙올리브 〉방울토마토 순으로 올린
      후 비건 슬라이스 치즈를 잘게 찢어 올린다.

5   170℃로 예열한 오븐에서 3분간 구워 파슬리가루를 뿌려낸다.

TIP

진한 맛을 원하면 토마토페이스트를 사용해요.

피자의 맛을 더 진하게 내고 싶다면 토마토소스 대신 토마토페이스트를 빵에
발라요. 파슬리가루를 뿌리기 직전에 토치로 한 번 더 구우면 불맛이 나는
피자가 완성되어요.

☐ SOUP
☐ SALAD
☐ BURGER
☐ SANDWICH
☐ BURRITO
☑ TOAST / PIZZA

바질버섯피자

달걀을 넣지 않은 피자도우로 만든 피자입니다. 피자도우 위에 스리라차소스를
얇게 펴발라 살짝 매콤하죠. 마지막에 뿌리는 바질페스토가 피자의 깊은 맛을
더해줍니다. 피자도우 대신 토르티야를 활용해도 좋아요. 토핑용 채소는 살짝
익혀서 사용해야 오븐에서 완전히 익어요.

ASSEMBLE

Bread	피자도우 2장
Spread	토마토소스 60g, 스리라차소스 참고 P.147 6g
Topping	채소볶음(양송이버섯 6~7개+마늘 5쪽+양파 1/4개+다진 마늘 10g+
	소금·후춧가루 약간씩), 현미유 약간
Garnish	비건 슬라이스 치즈 3장, 바질페스토 참고 P.207 20g

RECIPE

1   양송이버섯과 마늘은 0.5cm 폭으로 슬라이스하고, 양파는 채썬다.

2   팬에 현미유를 약간 둘러 ①과 다진 마늘, 소금, 후춧가루를 넣고 센불로
    2분간 볶는다.

3   포크로 피자도우 표면에 구멍을 몇 개 내고, 토마토소스와 스리라차소스를
    섞어 골고루 펴바른다.

4   ③ 위에 ②의 채소볶음을 평평하게 올린다.

5   비건 슬라이스 치즈를 사방 3cm 크기로 찢어 토핑한다.

6   180℃로 예열한 오븐에서 15분간 굽는다.

7   구운 피자 위에 바질페스토를 올려 마무리한다.

피자도우 만들기 3장 분량

재료 강력쌀가루 500g, 이스트 14g, 유기농 원당 30g, 소금 8g,
현미유 60ml, 물 350ml

볼에 모든 재료를 넣고 10분간 치댄다. 빨래하듯이 반죽을 쫙 밀고 다시 말기를 몇
차례 반복한 뒤 랩을 씌워 10분간 실온에서 휴지시킨다. 밀대로 도우를 동그랗게 밀어
표면에 포크로 숨구멍을 내준다.

3

VEGAN

DESSERT

☐ COKKIE ☐ MUFFIN ☐ SCONE ☐ BROWNIES ☐ TIRAMISU ☐ PUDDING

달콤한 쿠키와 머핀, 스콘, 푸딩, 티라미수는 어떤가요?
일반 버터와 달걀, 치즈, 우유 대신 수제 비건 버터와 비건 크림치즈, 연두부,
두부크림, 두유 등으로 맛과 풍미를 더한 비건 디저트류를 소개합니다. 책에서 소개한
잼·콩포트·시럽·스프레드도 다양하게 쓰이지요. 반짝반짝 디저트 시간입니다.

☑ COOKIE
☐ MUFFIN
☐ SCONE
☐ BROWNIES
☐ TIRAMISU
☐ PUDDING

브라우니쿠키

하늘 아래 같은 초코쿠키는 없다! 흰색 반죽으로 초콜릿 반죽을 감싸
겉은 화이트, 속은 다크브라운 컬러의 브라우니쿠키를 만듭니다.
달달한 초코 디저트가 당기는 날, 적극 추천해요. 달지 않은 라떼 음료와
페어링하세요.

ASSEMBLE

20개 분량
Dough Base 박력분 140g, 베이킹파우더 1g, 비건 버터 ^{참고 P 020} 70g, 유기농 원당 50g,
소금 1g, 병아리콩물 ^{참고 P 135} ·코코넛밀크 20ml씩

Point Dough 초코반죽(코코아가루 25g, 박력분 110g, 베이킹파우더 1g, 비건 버터 85g,
유기농 원당 70g, 병아리콩물 ^{참고 P 135} ·코코넛밀크 20ml씩)

RECIPE

1   기본반죽을 만든다. 휘핑볼에 비건 버터, 유기농 원당, 소금을 넣고
휘핑기로 크림제형이 되도록 휘핑한다. 박력분과 베이킹파우더를 체쳐 넣고
병아리콩물, 코코넛밀크를 더해 가루가 보이지 않게 섞는다.

2   포인트 초코반죽을 만든다. 휘핑기로 비건 버터, 유기농 원당을 크림제형이
되도록 섞은 후 코코아가루, 박력분, 베이킹파우더를 체쳐 넣는다.
병아리콩물, 코코넛밀크를 더해 가루가 보이지 않게 섞는다.

3   완성한 두 반죽을 냉장고에서 각각 1시간 이상씩 휴지시킨다.

4   휴지시킨 기본반죽은 15g씩 분할해 동그랗게 빚어 밀대로 둥글납작하게
밀고, 초코반죽은 17g씩 분할한다.

5   기본반죽 위에 동그랗게 빚은 초코반죽을 올린 후 호떡을 만들 듯
초코반죽을 감싼다.

6   ⑤를 살짝 눌러 둥글납작하게 만들어 170℃로 예열한 오븐에서 12분 굽는다.

TIP

가운데는 반죽을 얇게 해요.

기본반죽 위에 초코반죽을 올려 감쌀 때 쿠키 중앙의 반죽이 얇게
올라오도록 신경써주세요. 그래야 구웠을 때 예뻐요.

- ☑ **COOKIE**
- ☐ MUFFIN
- ☐ SCONE
- ☐ BROWNIES
- ☐ TIRAMISU
- ☐ PUDDING

에스프레소모카쿠키

커피와 초코의 조합은 언제나 옳지요. 커피콩 모양으로 작게 만들어 통에 담아두면 간식으로 하나씩 꺼내 먹기 좋습니다. 선물용으로도 추천해요. 커피콩 모양 외에도 입술 모양 등 다양한 변형도 가능합니다. 커피 한잔과 즐겨요.

ASSEMBLE

13개 분량	
Dough Base	앉은뱅이밀가루 95g, 아몬드가루 40g, 비건 버터 참고 P 020 85g, 연두부 30g, 유기농 원당 50g, 소금 1g
Point	에스프레소 10ml, 모카엑기스 5ml
Topping	초코칩·호두 분태 50g씩
Garnish	커버추어 초콜릿 100g

RECIPE

1. 믹싱볼에 앉은뱅이밀가루와 아몬드가루를 체친다.
2. 휘핑볼에 비건 버터, 유기농 원당, 소금을 넣고 휘핑기로 크림제형이 되도록 휘핑한다. 연두부도 따로 휘핑해 부드럽게 만든다.
3. ①에 ②와 에스프레소, 모카엑기스, 초코칩, 호두 분태를 넣고 섞어 반죽을 완성한다.
4. 반죽을 30g씩 떼어 타원 모양으로 만든 뒤 젓가락으로 가운데를 눌러 커피콩 모양을 낸다.
5. 170℃로 예열한 오븐에서 15분간 굽는다.
6. 커버추어 초콜릿을 중탕으로 녹여 구워낸 쿠키를 담가 살짝 묻힌다.

TIP

커피콩 모양은 선명하게 내줘요.
모양내는 도구가 없다면 젓가락으로 반죽을 눌러 모양을 만들어요.
쿠키가 구워지면서 부풀어 오르므로 약간 깊게 눌러야 완성 시 모양이
잘 나와요.

☑ COOKIE
☐ MUFFIN
☐ SCONE
☐ BROWNIES
☐ TIRAMISU
☐ PUDDING

카카오아몬드튀일 & 코코넛튀일

튀일은 반죽을 얇게 펴 오븐에 구운 프랑스식 과자예요. 바삭한
식감으로 잘 부서지는 게 특징이죠. 잼, 콩포트는 물론 부드러운
생크림이나 아이스크림을 올려 먹어도 맛있습니다. 밀크티, 홍차와도
어울려요.

ASSEMBLE

각 6~7개 분량

Dough Base 앉은뱅이밀가루 40g, 단백질파우더 5g, 베이킹파우더 1g,
코코넛밀크 35ml, 현미유 30ml, 조청·유기농 원당 20g씩, 죽염 1g

Topping **카카오아몬드튀일** 카카오파우더 15g, 아몬드 슬라이스 60g
코코넛튀일 롱코코넛 60g

RECIPE

1 팬에 코코넛밀크, 현미유, 조청, 유기농 원당, 죽염을 넣고 원당이 녹을
정도로만 살짝 볶아 식힌다.

2 믹싱볼에 앉은뱅이밀가루, 단백질파우더, 베이킹파우더를 체친다.
카카오아몬드튀일은 이 단계에서 카카오파우더도 함께 체친다.

3 ②에 ①을 넣어 섞는다. 카카오아몬드튀일은 아몬드 슬라이스를,
코코넛튀일은 롱코코넛을 함께 섞는다.

4 완성한 반죽을 약 30g씩 덜어 둥글납작 모양으로 만들어 오븐팬에
올리고 엄지손가락으로 눌러 편다.

5 170℃로 예열한 오븐에서 8~10분 굽는다.

TIP

반죽은 얇게 펴줘요.
튀일은 반죽을 최대한 얇게 펴서 구워야 완성 시 바삭한 식감이 살아나요.
반죽을 엄지손가락으로 눌러 약 2mm 두께로 펴요.

- ☑ COOKIE
- ☐ MUFFIN
- ☐ SCONE
- ☐ BROWNIES
- ☐ TIRAMISU
- ☐ PUDDING

호두캐러멜쿠키

쿠키 중앙에 나비모양으로 자리잡은 호두가 귀여운 디저트예요.
불포화지방산이 풍부한 호두는 두뇌에 좋은 영양 간식이죠. 비건
캐러멜시럽과 마스코바도의 조합이 깊은 맛을 더해요.

ASSEMBLE

6개 분량	
Dough Base	박력분 105g, 베이킹파우더 2g, 연두부 25g, 비건 버터 참고 P.020 80g, 유기농 마스코바도 20g, 소금 1g
Point	비건 캐러멜시럽 참고 P.043 23ml, 바닐라익스트랙 2ml
Topping	호두 80g

RECIPE

1. 휘핑볼에 비건 버터, 유기농 마스코바도, 소금을 넣고 휘핑기로 크림제형이 되도록 휘핑한다. 연두부도 따로 휘핑해 부드럽게 만든다.
2. 믹싱볼에 박력분과 베이킹파우더를 체치고, ①을 넣어 가루가 보이지 않을 때까지 섞는다.
3. ②에 비건 캐러멜시럽과 바닐라익스트랙을 골고루 섞어 반죽을 완성한다.
4. 반죽을 40g씩 나누어 뭉쳐서 오븐팬에 올리고, 호두를 반쪽씩 잘라 반죽 위에 올린다.
5. 170℃로 예열한 오븐에서 16분간 굽는다.

TIP

호두의 떫은 맛은 미리 없애요.

호두의 떫은 맛이 부담스럽다면 끓는 물에 2~3분 가량 호두를 데쳤다가 오븐에 구워요. 165℃로 예열한 오븐에서 10분간 굽고 뒤집어 2~3분 더 구워내요.

- ☑ COOKIE
- ☐ MUFFIN
- ☐ SCONE
- ☐ BROWNIES
- ☐ TIRAMISU
- ☐ PUDDING

베지러블쿠키

마치 화과자 같은 느낌의 쿠키예요. 단호박가루를 넣은 반죽으로 호박 모양을 만드는데 생각보다 어렵지 않죠. 호박 꼭지부분에 견과류 대신 잼을 올려도 잘 어울려요. 노란 단호박처럼 가을을 닮았어요.

ASSEMBLE

10개 분량

Dough Base 박력분 125g, 아몬드가루 25g, 슈거파우더 45g, 베이킹파우더 1g, 비건 버터 참고 P.020 80g, 소금 1g, 코코넛밀크 15ml

Point 단호박가루 12g, 바닐라익스트랙 약간

Topping 헤이즐넛·호박씨 약간씩

RECIPE

1 휘핑볼에 비건 버터와 소금을 넣고 휘핑기로 크림제형이 되도록 휘핑한다.

2 믹싱볼에 박력분, 아몬드가루, 슈거파우더, 베이킹파우더를 체친 후 ①과 코코넛밀크를 넣어 반죽하듯 섞는다.

3 ②에 단호박가루를 체쳐 넣고, 바닐라익스트랙을 넣어 가루가 보이지 않을 때까지 섞어 반죽을 완성한다.

4 반죽을 30g씩 떼어 둥글게 모양 잡은 뒤 엄지와 검지로 반죽의 아래 위를 살짝 누른다. 앙금헤라로 겉면만 5~6등분으로 나누어 호박의 모양을 표현한다.

5 호박꼭지 부분에 헤이즐넛과 호박씨를 번갈아 꽂아 170℃로 예열한 오븐에서 15분간 굽는다.

TIP

잼을 접착제처럼 활용해도 좋아요.

호박꼭지 부분에 꽂아둔 호박씨와 헤이즐넛이 자꾸 빠진다면 그 부분에 잼을 약간 올린 후 꽂아요. 오븐에 구워내면 고정되어요.

- ✓ COOKIE
- ☐ MUFFIN
- ☐ SCONE
- ☐ BROWNIES
- ☐ TIRAMISU
- ☐ PUDDING

아망디오쇼콜라

코코아가루와 아몬드 슬라이스로 포인트를 준 쿠키입니다. 완성한 반죽을 냉동실에서 얼렸다가 잘라 굽는 게 특징이죠. 냉동 반죽이라 아몬드가 박혀 있는 초코쿠키의 모양이 잘 유지되어요.

ASSEMBLE

22개 분량

Dough Base 박력분 100g, 베이킹파우더 1g, 비건 버터 참고 P.020 80g,
유기농 원당 55g, 소금 2g, 코코넛밀크 35ml

Point 코코아가루 10g

Topping 아몬드 슬라이스 50g

RECIPE

1. 휘핑볼에 비건 버터, 유기농 원당, 소금을 넣고 휘핑기로 크림제형이 되도록 휘핑한다.
2. 믹싱볼에 코코아가루, 박력분, 베이킹파우더를 체친다.
3. ②에 ①과 코코넛밀크, 아몬드 슬라이스를 골고루 섞어 반죽을 완성한다.
4. 반죽을 긴 원기둥 모양으로 만들어 랩으로 감싼다.
5. 냉동실에서 2시간 30분~3시간 두어 휴지시킨다.
6. 냉동 반죽을 꺼내 랩을 제거한 후 1cm 두께로 자른다.
7. 180℃로 예열한 오븐에서 25분간 굽는다.

TIP

반죽을 충분히 얼려요.

냉동 반죽은 구운 뒤 자를 때 부서지기 쉬워요. 반죽을 냉동실에서 충분히 얼렸다가 사용해야 합니다. 최소 2시간30분 이상 얼려주세요.

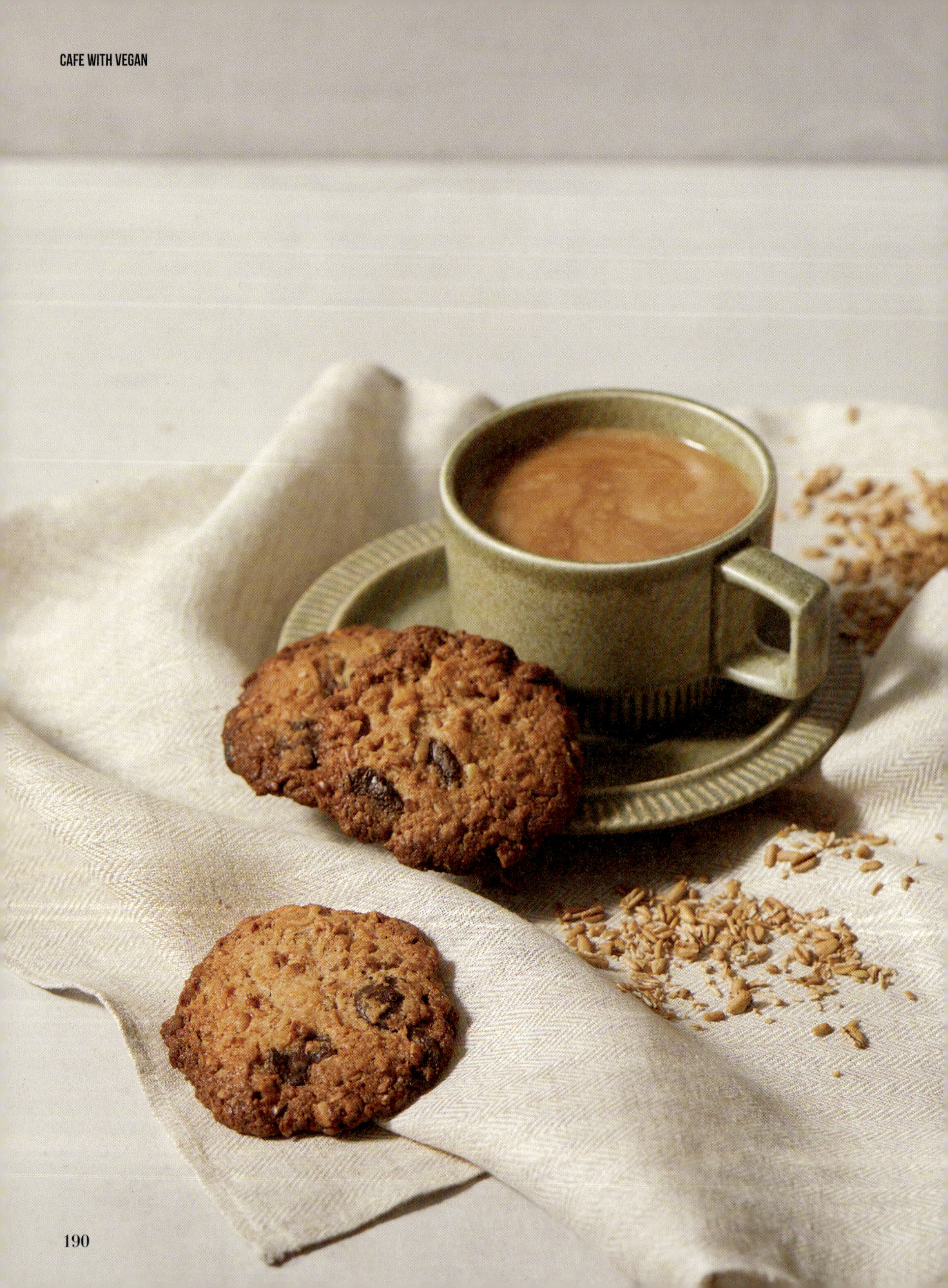

☑ COOKIE
☐ MUFFIN
☐ SCONE
☐ BROWNIES
☐ TIRAMISU
☐ PUDDING

오트밀코코넛쿠키

볶은 귀리를 부수거나 눌러 만든 오트밀은 아침식사 대용으로도 인기가 높죠.
오트밀과 코코넛을 섞어 쿠키를 만듭니다. 오트밀이 들어가 더 고소해요.
잼이나 콩포트와도 어울려요.

ASSEMBLE

16개 분량	
Dough Base	박력분 100g, 베이킹파우더 2g, 베이킹 소다 1g, 비건 버터 참고 P 020 90g, 유기농 원당 75g, 소금 2g, 코코넛밀크 30ml
Point	오트밀 60g, 코코넛가루 30g, 시나몬가루 1g
Topping	초코칩 45g, 호두 분태 60g

RECIPE

1 휘핑볼에 비건 버터, 유기농 원당, 소금을 넣고 휘핑기로 크림체형이
   되도록 휘핑한다.

2 믹싱볼에 코코넛가루, 시나몬가루, 박력분, 베이킹파우더,
   베이킹소다를 함께 체친다.

3 ②에 ①과 오트밀, 코코넛밀크를 넣고 반죽하듯 섞는다.

4 ③에 초코칩과 호두 분태를 넣고 골고루 섞어 반죽을 완성한다.

5 반죽을 30g씩 떼어 둥글납작한 모양으로 오븐팬에 팬닝한다.

6 170℃로 예열한 오븐에서 15분간 굽는다.

TIP

반죽은 가볍게 섞어요.

반죽을 너무 오랫동안 섞으면 완성 시 쿠키가 딱딱해질 수 있어요.
가루가 보이지 않을 정도로만 가볍게 섞어요.

- ☑ COOKIE
- ☐ MUFFIN
- ☐ SCONE
- ☐ BROWNIES
- ☐ TIRAMISU
- ☐ PUDDING

저탄고지키토쿠키

다이어트와 쿠키라니 상상할 수 없는 조합이죠? 아몬드가루, 홍국쌀가루,
비트가루로 반죽해 칼로리는 내리고 맛과 색을 업그레이드한
키토쿠키입니다. 글루텐프리라서 약간 부서질 수도 있어요.

ASSEMBLE

7~8개 분량	
Dough Base	아몬드가루 150g, 베이킹파우더 2g, 비건 버터 참고 P 020 90g
Point	홍국쌀가루 4g, 비트가루 8g
Topping	커버추어 초콜릿 60g

RECIPE

1   휘핑볼에 비건 버터를 넣고 휘핑기로 크림제형이 되도록 휘핑한다.

2   믹싱볼에 홍국쌀가루, 비트가루, 아몬드가루, 베이킹파우더를 체쳐
    가루가 보이지 않을 때까지 섞는다.

3   ②에 ①과 커버추어 초콜릿을 넣고 골고루 섞어 반죽을 완성한다.

4   반죽을 40g씩 떼어 동글게 만들어 오븐팬에 올리고 가운데를
    엄지손가락으로 눌러 모양낸다.

5   170℃로 예열된 오븐에서 16분간 굽는다.

TIP

반죽 가운데를 꾹 눌러 모양내요.
패닝 후 굽기 직전에 반죽의 가운데를 꾹 눌러주면 구웠을 때 동백꽃
모양의 쿠키가 완성되어요. 달달하게 즐기고 싶다면 커버추어
초콜릿을 추가로 토핑해 구워요.

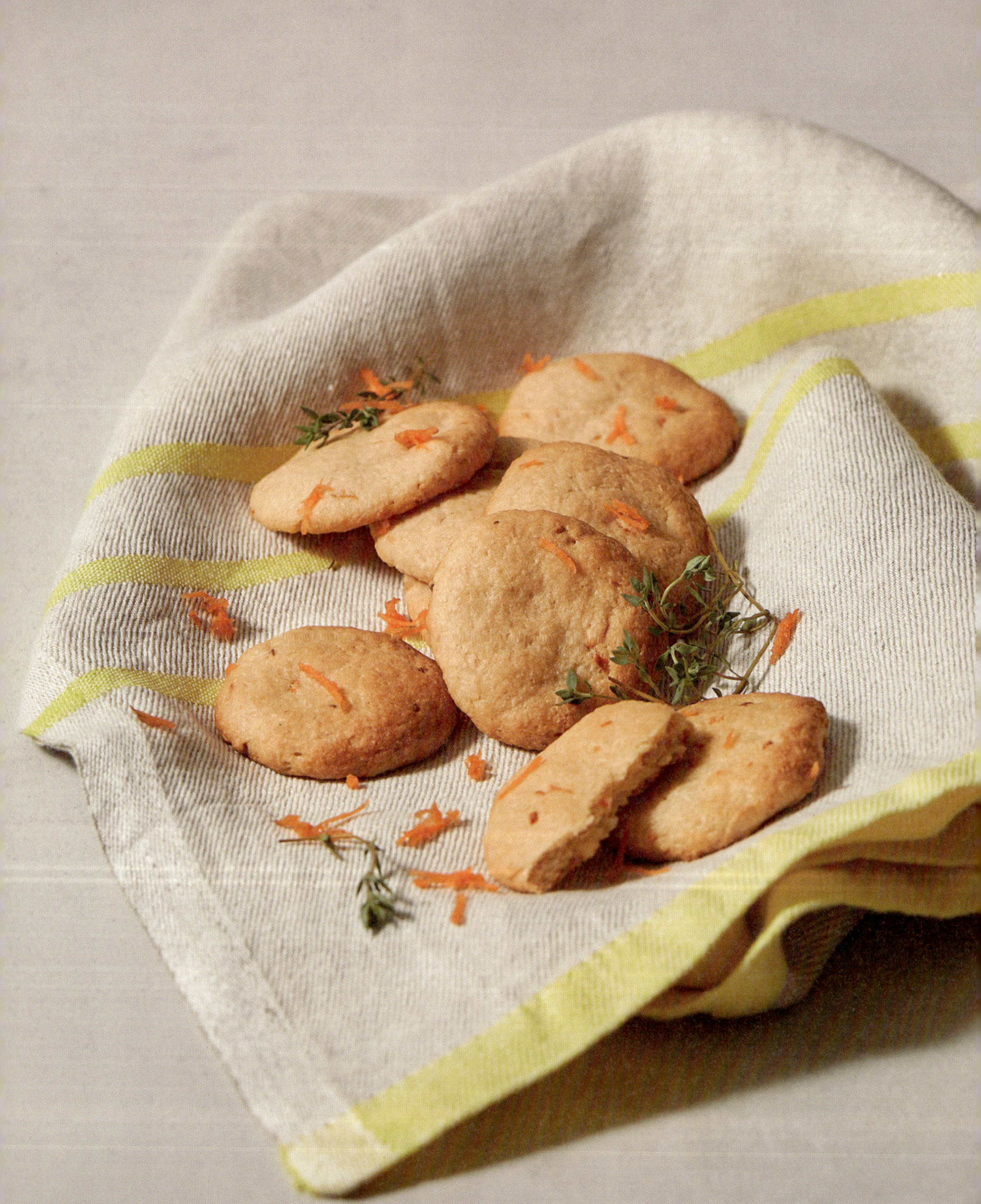

☑ COOKIE
☐ MUFFIN
☐ SCONE
☐ BROWNIES
☐ TIRAMISU
☐ PUDDING

당근쿠키

당근으로 맛있는 쿠키를 만들어볼까요? 반죽 속에 다진 당근과
비건 크림치즈를 함께 넣고 구워 맛은 물론 색감도 돋보입니다.
아메리카노나 레드향카푸치노와 페어링하기 좋아요.

ASSEMBLE

25개 분량

Dough Base   코코넛가루 50g, 베이킹파우더 4g, 비건 버터 ^{참고 P 020} 90g,
유기농 원당 50g, 소금 1g, 병아리콩물 ^{참고 P 135} 60ml

Point   현미가루 100g

Topping   당근 30g, 비건 크림치즈 ^{참고 P 022} 5g

RECIPE

1   휘핑볼에 비건 버터, 유기농 원당, 소금을 넣고 휘핑기로 크림제형이
되도록 휘핑한다.

2   믹싱볼에 현미가루, 코코넛가루, 베이킹파우더를 체치고, ①과
병아리콩물을 넣어 골고루 섞는다.

3   당근을 사방 0.3cm 크기로 잘게 다져 ②에 섞어 반죽을 완성한다.

4   완성한 반죽을 약 15g씩 나누어 분할한다.

5   비건 크림치즈를 5g씩 떼어 각 반죽 속에 넣고 둥글게 빚은 후 살짝
눌러 둥글납작하게 모양낸다.

6   170℃로 예열한 오븐에서 15분간 굽는다.

TIP

다진 당근을 올려 구워도 좋아요.

쿠키 표면에 질감을 내고 싶다면 반죽 위에 다진 당근을 추가로
올려서 구워요. 반죽에 크림치즈를 너무 많이 넣으면 반죽이 터질 수
있으니 정량을 지켜주세요.

☐ COOKIE
☑ MUFFIN
☐ SCONE
☐ BROWNIES
☐ TIRAMISU
☐ PUDDING

마블머핀

비밀이 숨겨져 있는 머핀이에요. 반으로 잘랐을 때 예쁜 하트가 나오죠.
홍국쌀가루로 붉은색의 하트모양의 머핀부터 만들어 기본머핀 속에 넣고
한 번 더 구워낸 특별한 머핀입니다.

ASSEMBLE

6~7개 분량

Point Dough
(하트머핀)

홍국쌀가루 8g, 앉은뱅이밀가루 120g, 베이킹파우더 3g, 베이킹소다 2g,
전분 30g, 두유 100ml, 코코넛밀크 20ml, 연두부 40g, 유기농 원당 60g,
소금 2g, 레몬즙 12ml, 현미유 70ml, 바닐라익스트랙 1ml

Base Dough

앉은뱅이밀가루 128g, 베이킹파우더 3g, 베이킹소다 1g, 전분 30g,
두유 100ml, 코코넛밀크 20ml, 연두부 40g, 유기농 원당 60g, 소금 2g,
레몬즙 12ml, 현미유 70ml, 바닐라익스트랙 1ml

RECIPE

1   하트머핀부터 만든다. 믹싱볼에 홍국쌀가루, 앉은뱅이밀가루,
     베이킹파우더, 베이킹소다, 전분을 체친다. 믹서에 두유, 코코넛밀크,
     연두부, 유기농 원당, 소금을 넣고 곱게 갈아 체친 가루와 섞는다. 레몬즙과
     현미유, 바닐라익스트랙을 넣고 섞어 하트머핀 반죽을 완성한다.

2   ①을 짤주머니에 담아 머핀틀에 30g씩 팬닝한다. 165℃로 예열한 오븐에서
     25분간 구워 식힌 후 하트모양 틀로 찍어 하트머핀을 완성한다.

3   기본반죽을 한다. 믹싱볼에 앉은뱅이밀가루, 베이킹파우더, 베이킹소다,
     전분을 체친다. 믹서에 두유와 코코넛밀크, 연두부, 유기농 원당,
     소금을 넣어 곱게 간 뒤 체친 가루와 섞는다. 레몬즙과 현미유,
     바닐라익스트랙을 넣어 섞어 기본반죽을 완성한다.

4   ③을 짤주머니에 담아 머핀컵의 1/3까지 팬닝한 뒤, 미리 구워둔 ②의
     하트머핀을 세워 넣고 하트머핀이 보이지 않게 남은 기본반죽으로 채운다.

5   165℃로 예열한 오븐에서 25분간 구워 완성한다.

TIP

하트부분의 방향을 미리 표시해요.

머핀을 굽기 전에 속에 넣어둔 하트머핀의 하트 방향을 데코로 표시해두어요.
굽고 난 후 머핀을 잘랐을 때 하트모양이 예쁘게 나와요.

COOKIE
☑ MUFFIN
SCONE
BROWNIES
TIRAMISU
PUDDING

민트초코머핀

민트향을 좋아하는 분들께 추천하는 쿠키예요. 초코가 질릴 때쯤 은은한
민트향이 입안을 개운하게 만들어주죠. 민트시럽의 양을 조금씩 늘려가며
취향에 맞춰보세요. 인공색소를 넣지 않아 쑥색에 가깝게 느껴져요.

ASSEMBLE

2개 분량
Dough Base 앉은뱅이밀가루 50g, 베이킹파우더 2g, 베이킹소다 1g, 전분 15g,
연두부 22g, 두유 40ml, 유기농 원당 20g, 소금 1g,
바닐라익스트랙 1ml, 현미유 30ml, 레몬즙 12ml
Point 뽕잎가루 4g, 청치자가루 2g, 민트시럽 참고 P 250 35ml
Topping 초코칩 10g

RECIPE

1 믹싱볼에 뽕잎가루, 청치자가루, 앉은뱅이밀가루, 베이킹파우더,
베이킹소다, 전분을 체친다.

2 믹서에 민트시럽, 연두부, 두유, 유기농 원당, 소금을 넣고 곱게 간다.

3 ①에 ②와 바닐라익스트랙을 넣고 가루가 보이지 않을 때까지 섞는다.

4 ③에 현미유와 초코칩을 넣고 한 번 섞은 뒤 레몬즙을 섞어 반죽을
완성해 짤주머니에 넣는다.

5 반죽을 머핀컵의 4/5까지 팬닝해 165℃로 예열한 오븐에서 25분간
굽는다.

TIP

뽕잎가루와 청치자가루의 양으로 반죽 색을 조절해요.
뽕잎가루와 청치자가루를 너무 많이 넣으면 머핀색이 어두워질 수
있어요. 반죽의 색을 보며 조금씩 조절해가며 넣어요.

COOKIE
✓ MUFFIN
SCONE
BROWNIES
TIRAMISU
PUDDING

블루베리머핀

한입 물면 상큼한 블루베리가 가득한 프레시한 머핀입니다. 구운 머핀 위에 두부크림을 높게 올리고 블루베리가루를 뿌렸죠. 블루베리와 허브잎으로 장식해도 예뻐요. 아메리카노, 아이스카페비엔나와 즐겨요.

ASSEMBLE

3개 분량
Dough Base
앉은뱅이밀가루 120g, 베이킹파우더 4g, 베이킹소다 2g, 전분 30g,
연두부 45g, 두유 130ml, 유기농 원당 60g, 소금 2g,
바닐라익스트랙 1ml, 레몬즙 12ml, 현미유 70ml

Topping 블루베리 50g, 블루베리콩포트 참고 P 240 30g
Garnish 두부크림 100g, 블루베리가루 1g

RECIPE

1 믹싱볼에 앉은뱅이밀가루, 베이킹파우더, 베이킹소다, 전분을 체친다.

2 믹서에 연두부, 두유, 유기농 원당, 소금을 넣고 곱게 간다.

3 ①에 ②와 바닐라익스트랙을 넣고 골고루 섞는다.

4 ③에 블루베리, 레몬즙, 현미유를 섞어 반죽을 완성해 짤주머니에 담는다.

5 머핀컵의 1/3까지 팬닝하고 그 위에 블루베리콩포트를 10g씩 올린다. 다시 반죽을 머핀컵의 4/5까지 팬닝한다.

6 165℃로 예열한 오븐에서 25분간 굽는다.

7 구운 머핀 위에 두부크림을 두툼하게 올리고 블루베리가루를 뿌려 장식한다.

두부크림 만들기 140g 분량

재료 두부 80g, 불린 캐슈너트 30g, 슈거파우더 5g, 소금 1g
두유 15ml, 코코넛밀크 8ml, 바닐라익스트랙 2ml

두부는 끓는 물에 데쳐 한김 식혀 키친타월로 물기를 제거해 잘게 썬다. 믹서에 모든 재료를 넣고 최대한 곱게 갈아준다. 냉장고에 두고 차게 만들어 사용한다.

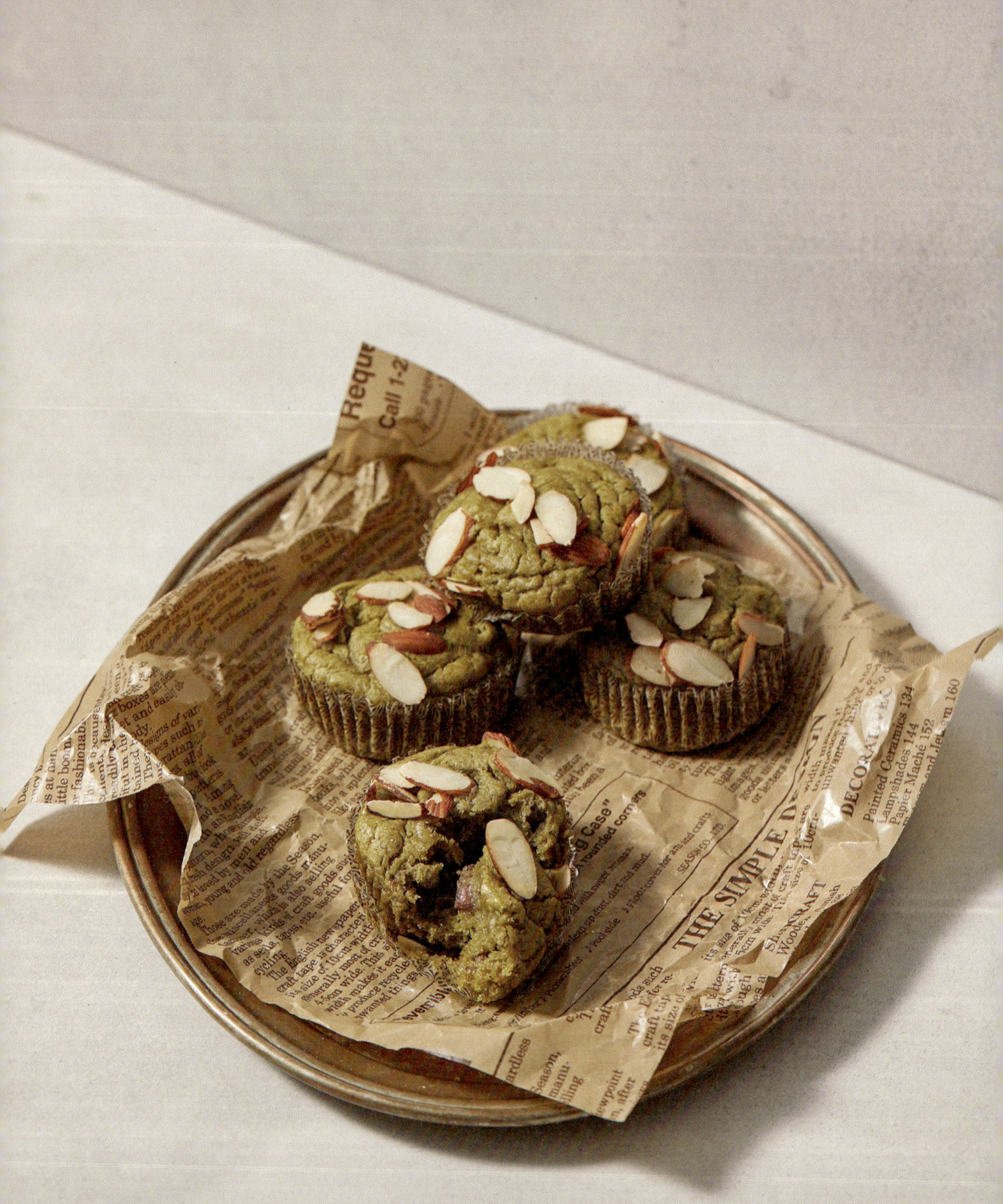
Painted Ceramics 134
Lampshades 144
Papier Maché 152

COOKIE
☑ MUFFIN
SCONE
BROWNIES
TIRAMISU
PUDDING

녹차팥머핀

반죽 안에 수제 팥앙금을 넣은 머핀입니다. 강한 단맛의 디저트보다는
건강한 맛을 원하는 분께 추천드려요. 반죽에 아보카도를 넣어 색감도
살리고 부드러운 식감을 더했죠. 오트리라떼, 흑당녹차라떼 등과
매칭해요.

ASSEMBLE

15개 분량	
Dough Base	앉은뱅이밀가루 120g, 베이킹파우더 3g, 베이킹소다 1g, 전분 30g, 두유 100ml, 코코넛밀크 20ml, 연두부 45g, 유기농 원당 60g, 소금 2g, 바닐라익스트랙 1ml, 레몬즙 12ml, 현미유 70ml
Point	녹차가루 6g, 아보카도 과육 40g
Topping	수제 팥앙금 참고 P 081 100g, 아몬드 슬라이스 1g

RECIPE

1   믹싱볼에 녹차가루, 앉은뱅이밀가루, 베이킹파우더, 베이킹소다,
    전분을 함께 체친다.

2   아보카도 과육은 3×4cm 크기로 자른다.

3   믹서에 ②의 아보카도 과육, 두유, 코코넛밀크, 연두부, 유기농 원당,
    소금을 넣고 곱게 간다.

4   ①에 ③과 바닐라익스트랙을 섞은 뒤 수제 팥앙금, 레몬즙, 현미유를
    넣고 섞어 반죽을 완성한다.

5   완성한 반죽을 짤주머니에 넣어 머핀컵의 4/5까지 팬닝해 아몬드
    슬라이스를 올린다.

6   165℃로 예열한 오븐에서 25분간 굽는다.

TIP

팥앙금을 따로 넣어도 되어요.

팥앙금을 그대로 맛보고 싶다면 반죽에 섞지 말고 머핀컵에 직접
넣어요 반죽을 머핀컵의 1/2까지 팬닝하고 팥앙금을 넣은 후 마저
반죽을 채워요. 이때는 작은 사이즈의 머핀컵은 피하세요.

COOKIE
☑ MUFFIN
SCONE
BROWNIES
TIRAMISU
PUDDING

밤호두머핀

밤페이스트가 들어가 더 부드럽고 달콤하죠. 통밤을 넣어 식감이 더
살아요. 밤을 삶을 때 80%만 익힌 뒤 반죽에 넣고 오븐에서 한 번 더
구운 게 맛의 포인트예요.

ASSEMBLE

3~4개 분량

Dough Base 앉은뱅이밀가루 120g, 베이킹파우더 4g, 베이킹소다 2g, 전분 30g,
두유 130ml, 유기농 원당 60g, 소금 2g, 바닐라익스트랙 1ml,
레몬즙 12ml, 현미유 70ml

Point 비건 밤페이스트 45g

Topping 호두 분태 50g, 통밤 6개

RECIPE

1 냄비에 통밤과 잠길만큼 물을 붓고 20분간 삶는다. 찬물에 담가 껍질을
벗긴 후 통밤을 4조각씩 나눈다.

2 믹싱볼에 앉은뱅이밀가루, 베이킹파우더, 베이킹소다, 전분을 체친다.

3 믹서에 비건 밤페이스트, 두유, 유기농 원당, 소금을 넣고 곱게 간다.

4 ②에 ③과 바닐라익스트랙을 넣고 가루가 보이지 않을 때까지 섞는다.

5 ④에 삶은 통밤, 호두 분태, 레몬즙, 현미유와 함께 섞어 반죽을 완성한 후
짤주머니에 담는다. 이때 삶은 통밤 4조각은 따로 남긴다.

6 머핀컵의 4/5까지 팬닝한 뒤 남겨둔 삶은 통밤 조각을 1개씩 올린다.

7 165℃로 예열한 오븐에서 25분간 굽는다.

비건 밤페이스트 만들기 1300g 분량

재료 밤 600g, 유기농 원당 350g 물 150ml, 코코넛밀크·두유 100ml씩

냄비에 밤이 잠길 정도로 물을 붓고 소금 5g을 넣어 20~30분간 삶는다. 삶은 밤은
찬물에 담가 껍질을 벗긴 뒤 믹서에 모든 재료와 함께 넣어 알맹이가 사라질 때까지
곱게 간다. 냄비로 옮겨 걸쭉해지도록 약불에서 조려 완성한다.

COOKIE
MUFFIN
✓ SCONE
BROWNIES
TIRAMISU
PUDDING

통밀스콘

영국의 대표빵 중 하나인 스콘은 밀가루 반죽에 베이킹파우더를 넣어
부풀려 만드는 빵입니다. 반죽 속의 버터 알맹이가 녹으면서 층이 생겨
바삭하고 부슬부슬한 식감이 만들어지죠. 달콤한 잼이나 콩포트 또는
크림치즈, 그리고 따뜻한 홍차 한 잔과 함께라면 충분해요.

ASSEMBLE

6개 분량
Dough Base   앉은뱅이통밀가루 135g, 아몬드가루 20g, 코코넛가루 10g,
베이킹파우더 4g, 유기농 원당 40g, 죽염 1g, 비건 버터 참고 P 020 90g,
코코넛밀크 80ml

Topping   호두 분태 70g
Garnish   두유물(두유 100ml+유기농 원당 20g)

RECIPE

1   믹싱볼에 앉은뱅이통밀가루, 아몬드가루, 코코넛가루, 베이킹파우더를
체치고 유기농 원당과 죽염, 코코넛밀크, 호두 분태를 넣는다.

2   비건 버터는 스크래퍼로 사방 0.5cm 크기로 잘게 부순 뒤 ①에 넣고
손으로 비비듯 반죽해 골고루 섞이게 한다.

3   완성한 반죽을 6등분해 정사각 모양으로 만든다.

4   스콘 반죽을 오븐팬에 팬닝하고 요리붓으로 두유와 유기농 원당을 섞은
두유물을 반죽 표면에 바른다.

5   170℃로 예열한 오븐에서 25~30분 굽는다.

TIP

반죽을 빠르게 완성해야 해요.
비건 버터는 잘 녹기 때문에 반죽을 빠르게 완성해야 해요. 반죽할
때 버터 입자가 살아 있어야 오븐에서 반죽 속의 버터가 녹아 공간이
생기면서 더 맛있어져요.

COOKIE
MUFFIN
✓ SCONE
BROWNIES
TIRAMISU
PUDDING

모카스콘

쌉싸름한 커피와 달달한 초콜릿의 조화가 일품입니다. 커피를 즐기는
이들이라면 누구나 좋아할 맛이죠. 두툼하고 큼직해 크림치즈나
초코스프레드를 곁들여도 좋아요. 비건 커피와 함께 즐겨요.

ASSEMBLE

6개 분량	
Dough Base	앉은뱅이밀가루 120g, 아몬드가루 30g, 베이킹파우더 4g, 유기농 원당 50g, 죽염 1g, 비건 버터 참고 P 020 80g, 코코넛밀크 40ml
Point	인스턴트커피가루 10g
Topping	에스프레소 30ml, 커버추어 초콜릿 70g
Garnish	두유물(두유 100ml+유기농 원당 20g)

RECIPE

1   믹싱볼에 인스턴트커피가루, 앉은뱅이밀가루, 아몬드가루,
    베이킹파우더를 체치고 유기농 원당과 죽염, 코코넛밀크, 에스프레소,
    커버추어 초콜릿을 넣는다.

2   비건 버터는 스크래퍼로 사방 0.5cm 크기로 잘게 부순 뒤 ①에 넣고
    손으로 비비듯 반죽해 골고루 섞이게 한다.

3   완성한 반죽을 6등분해 동글납작한 모양으로 만든다.

4   스콘 반죽을 오븐팬에 팬닝하고 요리붓으로 두유와 유기농 원당을 섞은
    두유물을 반죽 표면에 바른다.

5   170℃로 예열한 오븐에서 25분간 굽는다.

TIP

인스턴트커피는 가루로 준비해요.
반죽에 넣는 인스턴트커피는 고운 가루 타입으로 준비해요. 굵으면 잘게 빻아서
가루로 만든 다음 사용하거나 에스프레소에 녹여서 같이 넣어요.

COOKIE
MUFFIN
☑ SCONE
BROWNIES
TIRAMISU
PUDDING

바질올리브스콘

바질페스토와 올리브를 넣고 구운, 이국적인 맛과 향의 스콘입니다.
스콘용 바질페스토는 약간 거칠게 갈아 만들어야 완성 시 모양이 예뻐요.
바질은 특히 토마토와 맛의 궁합이 좋아 토마토로 만든 음료와 함께
즐기면 더 맛있습니다.

ASSEMBLE

4개 분량
Dough Base 박력분 220g, 베이킹파우더 6g, 유기농 원당 30g, 소금 2g, 후춧가루 1g,
비건 버터 참고 P 020 180g, 코코넛밀크 40ml

Topping 바질페스토 참고 P 207 40g, 블랙올리브 슬라이스 60g
Garnish 두유물(두유 100ml+유기농 원당 20g)

RECIPE

1   믹싱볼에 박력분과 베이킹파우더를 체치고, 유기농 원당과 소금, 후춧가루,
    코코넛밀크, 바질페스토, 블랙올리브 슬라이스를 넣는다.

2   비건 버터는 스크래퍼로 사방 0.5cm 크기로 잘게 부순 뒤 ①에 넣고 손으로
    비비듯 반죽해 골고루 섞이게 한다.

3   완성한 반죽을 4등분해 삼각 모양을 만든다.

4   스콘 반죽을 오븐팬에 팬닝하고 요리붓으로 두유와 유기농 원당을 섞은
    두유물을 반죽 표면에 바른다.

5   170℃로 예열한 오븐에서 25분간 굽는다.

바질페스토 만들기 170g 분량

재료 바질 60g, 마늘 50g, 올리브유 60ml, 소금 1g

바질은 물기를 제거해 마늘, 올리브유와 함께 믹서에 넣고 작은 알갱이가 남아 있을
정도로 간다. 너무 곱게 갈면 씹는 맛이 덜하다. 간을 보며 적당량의 소금을 넣어가며
섞는다.

☐ COOKIE
☐ MUFFIN
☑ SCONE
☐ BROWNIES
☐ TIRAMISU
☐ PUDDING

대파크림치즈스콘

스콘 속에 대파를 듬뿍 넣고 달콤하고 고소한 비건 크림치즈까지
더했습니다. 대파 특유의 향과 달달한 크림치즈의 향이 앙상블을 이루어
계속 손이 가죠. 커피 한 잔과 함께 브런치 메뉴로도 인기 있어요.

ASSEMBLE

6개 분량

Dough Base 앉은뱅이밀가루 150g, 앉은뱅이통밀가루 100g, 베이킹파우더 8g,
유기농 원당 20g, 죽염 2g, 비건 버터 참고 P 020 180g, 코코넛밀크 90ml

Topping 대파 50g, 비건 크림치즈 참고 P 022 20g

Garnish 두유물(두유 100ml+유기농 원당 20g)

RECIPE

1 대파는 껍질을 벗기고 얇게 채썬다.

2 믹싱볼에 앉은뱅이밀가루, 앉은뱅이통밀가루, 베이킹파우더를 체치고, 유기농
   원당과 죽염, 코코넛밀크, ①의 대파채를 넣는다.

3 비건 버터는 스크래퍼로 사방 0.5cm 크기로 잘게 부순 뒤 ②에 넣고 손으로
   비비듯 반죽해 골고루 섞이게 한다.

4 완성한 반죽을 6등분한 뒤, 각각의 반죽에 비건 크림치즈를 20g씩 넣고
   원형으로 모양낸다.

5 스콘 반죽을 오븐팬에 팬닝하고 요리붓으로 두유와 유기농 원당을 섞은
   두유물을 반죽 표면에 바른다.

6 170℃로 예열한 오븐에서 25분간 굽는다.

TIP

비건 크림치즈를 만두소처럼 넣어요.

반죽에 비건 크림치즈를 넣을 때는 마치 만두소를 넣듯 반죽으로
크림치즈를 감싸 만들어요.

☐ COOKIE
☐ MUFFIN
☑ SCONE
☐ BROWNIES
☐ TIRAMISU
☐ PUDDING

스위트갈릭스콘

얇게 슬라이스한 마늘을 반죽에 넣고 구워 마늘의 맛과 향이 그대로
전해져요. 굽기 직전에 스콘 위에 달콤한 비건 갈릭페이스트를 올려
갈릭스콘의 맛을 업그레이드했죠. 바삭한 식감을 더하고 싶다면
마늘후레이크를 올려 구워주세요. 크림치즈와도 잘 어울려요.

ASSEMBLE

4개 분량
Dough Base · 앉은뱅이밀가루 250g, 베이킹파우더 8g, 유기농 원당 20g, 죽염 2g,
비건 버터 참고 P 020 180g, 코코넛밀크 90ml

Topping · 마늘 슬라이스 60g
Garnish · 비건 갈릭페이스트 10g

RECIPE

1 믹싱볼에 앉은뱅이밀가루, 베이킹파우더를 체치고 유기농 원당과 죽염,
   코코넛밀크, 마늘 슬라이스를 넣는다.

2 비건 버터는 스크래퍼로 사방 0.5cm 크기로 잘게 부순 뒤 ①에 넣고
   손으로 비비듯 반죽해 골고루 섞이게 한다.

3 완성한 반죽은 4등분해 직사각 모양으로 만든다.

4 반죽을 오븐팬에 팬닝하고 윗부분에만 비건 갈릭페이스트를 발라준다.

5 170℃로 예열한 오븐에서 25분간 굽는다.

비건 갈릭페이스트 만들기 125g 분량

재료 비건 버터 80g, 올리고당 10g, 다진 마늘 30g, 유기농 원당 5g, 파슬리가루 약간

휘핑볼에 모든 재료를 함께 넣고 휘핑한다. 재료가 골고루 섞이면 완성이다.

☐ COOKIE
☐ MUFFIN
☐ SCONE
☑ BROWNIES
☐ TIRAMISU
☐ PUDDING

브라우니

딱 한 가지 디저트를 먹고 싶다면 달달한 브라우니를 추천합니다.
바삭한 쿠키와 촉촉한 케이크의 딱 중간의 꾸덕한 식감이 매력적이죠.
다크초콜릿과 비건 버터, 연두부로 만든 비건 브라우니입니다. 따뜻한
커피나 오트밀라떼와 짝을 이뤄요.

ASSEMBLE

17×17cm 기준
Dough Base   앉은뱅이밀가루 150g, 아몬드가루 80g, 베이킹파우더 5g,
코코넛밀크 250ml, 유기농 원당 80g, 연두부 200g, 현미유 80ml
Point   코코아가루 20g, 조청 80g
Topping   커버추어 다크초콜릿 100g
Garnish   슈거파우더 1g

RECIPE

1   중탕볼에 커버추어 다크초콜릿, 코코넛밀크, 유기농 원당, 조청을 넣고
중불로 녹인다.
2   믹싱볼에 코코아가루, 앉은뱅이밀가루, 아몬드가루, 베이킹파우더를 체치고
①과 연두부, 현미유를 넣고 주걱으로 섞어 반죽을 완성한다.
3   브라우니 틀에 맞춰 유산지를 깔아둔다.
4   틀에 ②의 완성한 반죽을 붓고 160℃로 예열한 오븐에서 25~30분간 굽는다.
5   구운 브라우니는 한김 식혀 슈거파우더를 고운체에 내린다.

TIP

구운 브라우니는 1~2시간 후 커팅해요.
브라우니는 구운 뒤 한김 식혀 냉장고에서 1~2시간 두었다가 잘라요.
부서지지 않고 반듯한 모양으로 자를 수 있어요.

☐ COOKIE
☐ MUFFIN
☐ SCONE
☑ BROWNIES
☐ TIRAMISU
☐ PUDDING

라즈베리화이트브라우니

마치 파운드케이크 같은 비주얼의 브라우니예요. 브라우니를 겹겹이 쌓아
크림을 올리면 케이크처럼 즐길 수도 있죠. 반죽 사이사이에 라즈베리를
넣고 구워 식감도 맛도 색다릅니다. 브라우니 한 조각에 크림이나 콩포트를
올려 드세요.

ASSEMBLE

17×17cm 기준
Dough Base · · · · · 박력분 120g, 아몬드가루 60g, 베이킹파우더 2g, 비건 버터 참고 P 020 65g,
유기농 원당 50g, 코코넛오일 100ml, 코코넛밀크 80ml

Topping · · · · · 라즈베리 60g

RECIPE

1 휘핑볼에 비건 버터, 유기농 원당, 코코넛오일을 넣고 휘핑기로
크림제형이 되도록 휘핑한다.

2 믹싱볼에 박력분, 아몬드가루, 베이킹파우더를 체치고 ①을 넣고
주걱으로 섞는다.

3 ②에 코코넛밀크와 라즈베리를 넣고 가루가 보이지 않을 때까지
살살 섞는다.

4 브라우니 틀에 맞춰 유산지를 깔아둔다.

5 틀에 ③의 완성한 반죽을 붓고 160℃로 예열한 오븐에서 25~30분간
굽는다.

TIP | **반죽은 살살 섞어요.**

완성한 반죽을 라즈베리를 넣고 섞을 때 라즈베리가 으깨지지
않도록 주의해야 해요.

- [ ] COOKIE
- [ ] MUFFIN
- [ ] SCONE
- [x] BROWNIES
- [ ] TIRAMISU
- [ ] PUDDING

캐러멜치즈브라우니

캐러멜과 치즈, 거부할 수 없는 조합이죠. 달달한 캐러멜과 고소한 비건 치즈의 풍미가 그대로 전해지는 화이트브라우니예요. 피낭시에 모양으로 만들어 보기에도 예쁘고 먹기도 편하죠. 홍차, 밀크티, 아메리카노 어디에나 어울리는 맛입니다.

ASSEMBLE

10개 분량
Dough Base 박력분 170g, 아몬드가루 80g, 베이킹파우더 5g,
비건 버터 참고 P 020 75g, 유기농 원당 120g, 소금 2g, 코코넛오일 100ml,
연두부 200g, 코코넛밀크 90ml
Point 비건 캐러멜시럽 참고 P 043 100ml, 비건 슬라이스 치즈 3장
Topping 아몬드 슬라이스 1g

RECIPE

1 휘핑볼에 비건 버터, 유기농 원당, 소금, 코코넛오일을 넣고 휘핑기로 크림제형이 되도록 휘핑한다.

2 믹서에 연두부, 코코넛밀크, 비건 캐러멜시럽, 비건 슬라이스 치즈 2장을 넣고 곱게 간다.

3 믹싱볼에 박력분, 아몬드가루, 베이킹파우더를 체치고 ①과 ②를 넣어 주걱으로 섞는다.

4 ③에 비건 슬라이스 치즈 1장을 사방 1~2cm 크기로 찢어 넣고 가루가 보이지 않을 때까지 섞는다.

5 피낭시에 틀에 ④의 반죽을 붓고 아몬드 슬라이스를 올린다.

6 160℃로 예열한 오븐에서 25~30분간 굽는다.

TIP

비건 슬라이스 치즈를 찢어 넣어요.
반죽에 비건 슬라이스 치즈를 넣을 때는 적당한 크기로 찢어서 반죽 사이사이에 넣어요. 치즈의 풍미가 더 살아나요.

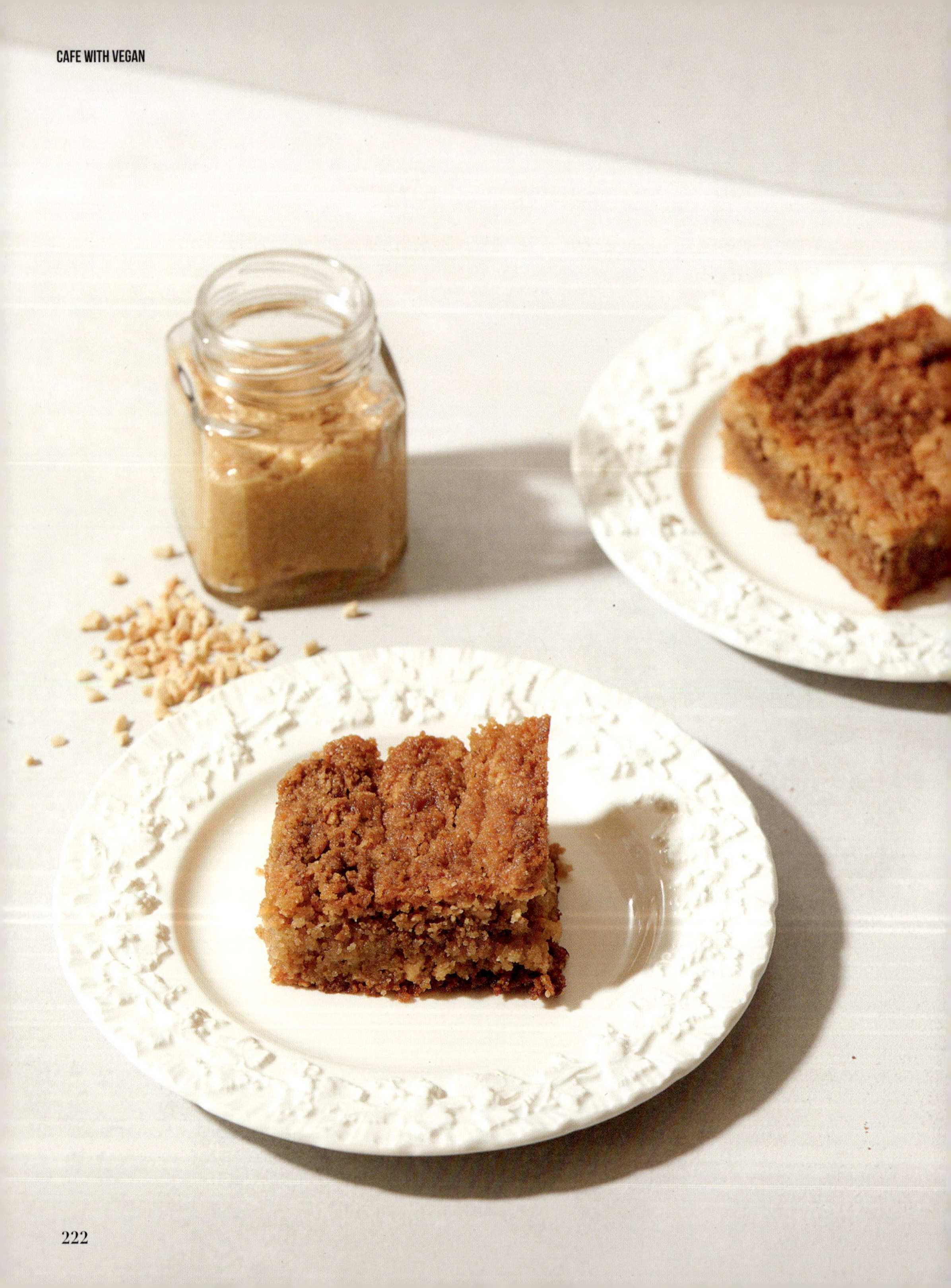

☐ COOKIE
☐ MUFFIN
☐ SCONE
☑ BROWNIES
☐ TIRAMISU
☐ PUDDING

피넛버터브라우니

단짠단짠 맛을 좋아한다면 피넛버터로 브라우니를 구워보세요. 짭짤한
피넛버터와 원당의 단맛이 대비를 이루죠. 비건 과자를 토핑으로 올려 구워내
크런치한 식감도 살아요. 땅콩 분태를 비건 과자처럼 토핑해도 됩니다.

ASSEMBLE

17×17cm 기준
Dough Base   박력분 120g, 베이킹파우더 4g, 비건 버터 참고 P 020 60g,
유기농 원당 125g, 소금 2g, 코코넛밀크 80ml
Point   피넛버터 130g
Topping   비건 과자 140g, 비건 버터 26g

RECIPE

1   휘핑볼에 비건 버터 60g, 유기농 원당, 소금을 넣고 휘핑기로 크림제형이
되도록 휘핑한다.

2   믹싱볼에 박력분, 베이킹파우더를 체치고 ①을 넣고 섞는다.

3   ②에 피넛버터와 코코넛밀크를 넣어 가루가 보이지 않을 때까지 주걱으로
섞는다.

4   비건 과자는 지퍼백에 넣고 밀대로 밀어 부수어 비건 버터 26g과 섞는다.

5   브라우니 틀에 맞춰 유산지를 깔아둔다.

6   틀에 ③의 반죽을 붓고 그 위에 ④를 약 1cm 두께로 올린다.

7   160℃로 예열한 오븐에서 25~30분간 굽는다.

TIP

비건 과자는 잘게 부수지 말아요.

비건 과자를 지퍼백에 넣어 너무 잘게 부수면 완성 시 모양이 덜
해요. 두툼한 지퍼백에 비건 과자를 넣고 행주나 수건을 지퍼백
위에 올린 뒤 밀대로 밀어요.

- [ ] COOKIE
- [ ] MUFFIN
- [ ] SCONE
- [ ] BROWNIES
- [x] TIRAMISU
- [ ] PUDDING

티라미수

한입 맛보면 정말 기분이 좋아지는 마법의 디저트입니다. 치즈 대신
버터크림을 올려 비건도 마음껏 즐길 수 있죠. 만든 후 20분 정도 냉장실에
두었다가 차게 즐기면 더 맛있어요. 쉬폰 대신 식빵을 동그랗게 잘라
사용해도 됩니다.

ASSEMBLE

3개 분량

Bread	비건 티라미수 쉬폰 2cm 두께 9장(270g)
Point	비건 버터크림(비건 버터 참고 P 020 450g+유기농 원당 90g)
Topping	에스프레소 90ml
Garnish	카카오파우더 3g

RECIPE

1 쉬폰은 에스프레소가 잘 스며들지 않는 끝부분만 가위로 잘라낸 뒤 준비한
용기를 뒤집어 눌러 찍어 동그란 모양의 쉬폰을 만든다.

2 휘핑볼에 비건 버터와 유기농 원당을 넣는다. 휘핑기로 크림제형이 되도록
휘핑해 비건 버터크림을 만든다.

3 에스프레소 90ml를 추출한다.

4 준비한 용기에 ①의 쉬폰을 넣고 빵이 충분히 적시도록 에스프레소 1/3
분량을 붓는다. 그 위에 ②의 비건 버터크림을 3cm 두께로 올린다.

5 ④의 과정을 2회 더 반복한다.

6 납작한 주걱으로 크림을 평평하게 펴주고 카카오파우더를 체쳐 뿌린다.

비건 티라미수 쉬폰 만들기 17×17cm 기준

재료 앉은뱅이밀가루 128g, 베이킹파우더 3g, 베이킹소다 1g, 전분 30g, 두유 100ml, 코코넛밀크 20ml,
연두부 40g, 유기농 원당 60g, 소금 2g, 레몬즙 12ml, 현미유 70ml, 바닐라익스트랙 조금

앉은뱅이밀가루, 베이킹파우더, 베이킹소다, 전분을 체친다. 믹서에 두유와 코코넛밀크, 연두부, 유기농 원당, 소금을
곱게 갈아 체친 가루와 섞는다. 레몬즙과 현미유, 바닐라익스트랙을 더해 섞은 후 틀에 부어 165℃로 예열한 오븐에서
25분간 굽는다.

COOKIE
MUFFIN
SCONE
BROWNIES
✓ TIRAMISU
PUDDING

흑임자티라미수

이색적인 컬러의 흑임자티라미수입니다. 흑임자의 고소한 향이 티라미수의 맛을 더 풍부하게 만들어주죠. 흑임자는 사용 직전에 볶아 부수면 향이 더욱 좋아져요. 완성 후 냉장고에서 20분 두었다가 차갑게 즐겨요.

ASSEMBLE

3개 분량	
Base	비건 티라미수 쉬폰 참고 P 225 2cm 두께 9장(270g)
Point	비건 흑임자버터크림
	(비건 버터 참고 P 020 450g+유기농 원당 90g+흑임자페이스트 24g)
Topping	에스프레소 90ml
Garnish	흑임자가루 3g

RECIPE

1 쉬폰은 에스프레소가 잘 스며들지 않는 끝부분만 가위로 잘라낸 뒤 준비한 용기를 뒤집어 눌러 찍어 동그란 모양의 쉬폰을 만든다.

2 휘핑볼에 비건 버터와 유기농 원당, 흑임자페이스트를 넣고 휘핑기로 크림제형이 되도록 휘핑해 비건 흑임자버터크림을 만든다.

3 에스프레소 90ml를 추출한다.

4 준비한 용기에 ①의 쉬폰을 넣고 빵이 충분히 적시도록 에스프레소 1/3 분량을 붓는다. 그 위에 ②의 비건 흑임자버터크림을 3cm 두께로 올린다.

5 ④의 과정을 2회 더 반복한다.

6 납작한 주걱으로 크림을 평평하게 펴주고 흑임자가루를 체쳐 뿌린다.

흑임자페이스트 만들기 120g 분량

재료 흑임자가루 100g, 현미유 20ml

믹서에 흑임자가루와 현미유를 넣고 최대한 곱게 갈아준다. 이때 아주 곱게 갈아야 페이스트 느낌이 난다. 시판제품 사용 시에는 흑임자 100% 제품을 고른다.

COOKIE
MUFFIN
SCONE
BROWNIES
☑ TIRAMISU
PUDDING

말차티라미수

티라미수는 좋아하지만 너무 달아 망설이는 분들에게 추천하는
메뉴입니다. 말차가루의 쌉싸름함이 단맛을 줄여주죠. 비건 버터에
말차가루를 섞어 예쁜 녹색의 층을 만들어요. 간단한 티타임은 물론
간식으로도 추천해요.

ASSEMBLE

3개 분량
Bread 비건 티라미수 쉬폰 참고 P 225 2cm 두께 9장(270g)
Point 비건 말차버터크림(비건 버터 참고 P 020 450g+유기농 원당 90g+말차가루 30g)
Topping 에스프레소 90ml
Garnish 말차가루 3g

RECIPE

1 쉬폰은 에스프레소가 잘 스며들지 않는 끝부분만 가위로 잘라낸 뒤 준비한
용기를 뒤집어 눌러 찍어 동그란 모양의 쉬폰을 만든다.

2 휘핑볼에 비건 버터와 유기농 원당, 말차가루를 넣는다. 휘핑기로 크림제형이
되도록 휘핑해 비건 말차버터크림을 만든다.

3 에스프레소 90ml를 추출한다.

4 준비한 용기에 ①의 쉬폰을 넣고 빵이 충분히 적시도록 에스프레소 1/3
분량을 붓는다. 그 위에 ②의 비건 말차버터크림을 3cm 두께로 올린다.

5 ④의 과정을 2회 더 반복한다.

6 납작한 주걱으로 크림을 평평하게 펴주고 말차가루를 체쳐 뿌린다.

TIP

말차가루와 코코아가루를 반반 써도 좋아요.

녹차의 쌉싸름한 맛이 너무 강하게 느껴진다면 마지막 단계에서 말차가루와
코코아가루를 절반씩 나눠 체쳐 뿌려요.

☐ COOKIE
☐ MUFFIN
☐ SCONE
☐ BROWNIES
☐ TIRAMISU
☑ PUDDING

모카푸딩

부드러운 식감의 푸딩은 보통 달걀과 젤라틴을 넣어 만들죠. 비건 푸딩은
달걀과 젤라틴 없이 한천가루를 넣고 만듭니다. 만약 커피를 즐기지
않는다면 비건 캐러멜시럽으로 대체 가능해요.

ASSEMBLE

3개 분량
Dough Base   두유 750ml, 코코넛밀크 240ml, 한천가루 30g, 유기농 원당 90g, 소금 3g
Point   에스프레소 120ml, 시럽 60ml

RECIPE

1   냄비에 두유와 코코넛밀크, 한천가루를 넣고 중불에 올린다.
2   한천가루가 녹기 시작하면 약불로 줄여 유기농 원당, 소금을 넣고
    저어가며 끓인다. 모든 재료가 녹으면 불을 끄고 한김 식힌다.
3   준비한 잔에 ②를 붓고 냉동실에서 3-4시간 두어 모양을 굳힌다.
4   에스프레소 120ml를 추출해 시럽과 골고루 섞는다.
5   냉동실에서 굳힌 ③을 꺼내 그 위에 ④를 부어 마무리한다.

TIP

시럽을 붓고 1시간 뒤에 맛보면 더 맛있어요.

시간이 넉넉하다면 마지막 단계에서 시럽을 뿌린 뒤 다시 1시간 동안
냉장보관해 즐기세요. 시럽이 푸딩에 스며들어 더 맛있어져요.

☐ COOKIE
☐ MUFFIN
☐ SCONE
☐ BROWNIES
☐ TIRAMISU
☑ PUDDING

망고코코넛푸딩

코코넛밀크를 이용해 비건식 밀크푸딩을 만들어요. 플레인과 망고 베이스로
2가지 컬러 푸딩을 만들어 컵에 대각선으로 층을 나눠 담았죠. 망고푸딩을
먼저 만든 뒤 플레인푸딩을 만들어 올리는 게 노하우입니다.

ASSEMBLE

3~4개 분량

Plane Base	두유 125ml, 코코넛밀크 40ml, 한천가루 10g, 바닐라빈 1g, 유기농 원당 30g, 소금 1g
Mango Base	망고 120g, 코코넛밀크 75ml, 한천가루 10g, 유기농 원당 20g, 소금 1g
Garnish	망고 30~40g, 허브잎 약간

RECIPE

1   망고푸딩을 만든다. 망고 과육은 2×3cm 크기로 잘라 믹서에
코코넛밀크와 넣고 곱게 간다.

2   냄비에 ①과 한천가루, 유기농 원당, 소금을 넣고 중불에 올려 가루가
모두 녹으면 약불로 줄여 1~2분간 끓여 불을 끈다.

3   준비한 용기를 기울여 ②를 대각선으로 담고 그 모양이 유지되도록
냉동실에 1시간~1시간30분간 두어 굳힌다.

4   플레인푸딩을 만든다. 냄비에 두유, 코코넛밀크, 한천가루를 넣고 중불에
올려 한천가루가 녹으면 약불로 줄인다. 바닐라빈, 유기농 원당, 소금을
넣어 모두 녹을 때까지 저어가며 끓이다 불을 끄고 한김 식힌다.

5   차갑게 굳은 ③의 망고푸딩 위에 플레인푸딩을 붓고 다시 냉동실에 넣어
1시간 동안 굳힌다.

6   장식용 망고는 작게 썰어 완성한 푸딩 위에 10g씩 올리고 허브잎으로
마무리한다.

TIP

망고푸딩을 담고 확실히 굳혀요.

망고푸딩을 담은 뒤에는 용기를 그대로 기울인 상태로 냉동실에서
굳혀야 푸딩의 모양이 흐트러지지 않아요.

COOKIE

MUFFIN

SCONE

BROWNIES

TIRAMISU

✓ PUDDING

바나나푸딩

뉴욕에서 유명한 떠먹는 바나나푸딩입니다. 일반적인 푸딩의 탱탱한
식감이 아닌 바나나케이크를 떠먹는 듯 부드러운 식감입니다. 달걀로
만드는 커스터드크림 대신에 코코넛크림으로 만들어 느끼함은 줄이고 맛은
높였어요. 바나나 자체로도 단맛이 강하니 시럽의 양을 조절해요.

ASSEMBLE

3개 분량	
Plane Base	비건 과자 350g, 코코넛크림 _{참고 P 026} 600g, 바닐라시럽 _{참고 P 252} 90ml
Point	바나나 3개
Garnish	비건 과자 600g, 바나나 슬라이스 8~9개

RECIPE

1. 바나나는 껍질을 벗겨 1cm 두께로 슬라이스한다.
2. 휘핑볼에 코코넛크림과 바닐라시럽을 넣고 휘핑한다.
3. 비건 과자는 지퍼백에 넣어 손으로 눌러 부순다.
4. 준비한 잔에 부순 비건 과자 〉 바나나 슬라이스〉 ②의 크림 순으로
   차곡차곡 쌓아 층을 만든다.
5. 남은 크림을 듬뿍 올리고 가니시용 비건 과자와 바나나 슬라이스를
   올려 마무리한다.

TIP

비건 과자는 다양하게 즐겨요.

비건 과자 대신 비건 오레오를 사용해도 좋아요. 과자에 녹인 초콜릿을
섞어 만들거나 녹인 초콜릿을 토핑처럼 푸딩 위에 뿌려도 맛있어요.

☐ COOKIE
☐ MUFFIN
☐ SCONE
☐ BROWNIES
☐ TIRAMISU
☑ PUDDING

귤푸딩

컬러풀한 과일 푸딩입니다. 프레시한 색감만큼이나 그 맛도 상큼하죠. 푸딩
위에 귤 제스트를 뿌려 포인트를 주었어요. 과일푸딩을 만들 때는 여러 가지
과일을 섞기보다는 압도적인 맛과 컬러의 과일 하나만 활용하는 게 맛과
비주얼에 효과적입니다.

ASSEMBLE

3개 분량
Plane Base 한천가루 20g, 유기농 원당 50g, 소금 1g
Point   귤 660g
Garnish   귤 제스트·허브잎 약간씩

RECIPE

1 귤은 깨끗이 씻어 껍질을 벗겨 알맹이만 준비한다. 이때 껍질은 버리지
   않는다.

2 믹서에 귤을 넣고 곱게 간 후 체에 거른다.

3 냄비에 ②와 한천가루, 유기농 원당, 소금을 넣고 중불에 올린다. 가루가
   모두 녹으면 약불로 줄여 1~2분간 끓이다 불을 끄고 한김 식힌다.

4 준비한 용기에 ③을 붓고 냉동실에서 2~3시간 두어 모양을 굳힌다.

5 ①의 귤 겉껍질을 강판에 갈아 제스트를 만들어 푸딩 위에 토핑하듯
   뿌리고 허브잎으로 장식한다.

TIP

믹서에 간 귤은 반드시 체에 걸러요.

귤 알맹이를 믹서에 간 후에는 체에 걸러 속껍질 등 질긴 부분을
제거해야 해요. 그래야 푸딩을 완성했을 때 부드러워요.

Compote & Jam

비건 음료부터 디저트까지 과일의 쓰임새는 무궁무진합니다.
제철과일을 유기농 원당에 졸인 콩포트와 잼은 비건 카페
메뉴의 필수 아이템이죠. 반죽에 섞거나 장식에 활용하는 등
다방면에서 활약하는 콩포트와 잼을 소개합니다.

미니사과콩포트

1330g 분량 / 냉장보관 30일

미니사과콩포트는 그 모양이 예뻐 케이크나 디저트의 장식용으로
사용하기 좋습니다. 사과를 껍질째 끓이면 사과에서 즙이 나오지 않아
미니사과가 탈 수 있답니다. 미니사과는 꼭지 부분이 위로 오도록 냄비에
세워 넣어요.

ASSEMBLE

미니사과 800g,
유기농 원당 150g,
시나몬가루 3g,
레몬즙 10ml,
물 380ml

RECIPE

1 미니사과를 깨끗이 씻어 껍질을 깎는다.

2 깊은 냄비에 물과 유기농 원당을 넣고 저어준 뒤, 시나몬가루와
   레몬즙을 더해 중불로 가열한다.

3 끓어오르면 ①을 넣고 잘 저어가며 중불로 20분간 졸인다.

4 시럽이 걸쭉해지면 불을 끄고 한김 식혔다가 미니사과를 병에
   담고 시럽을 마저 붓는다.

블루베리콩포트

450g 분량 / 냉장보관 30일

디저트 메뉴의 장식과 토핑용으로 즐겨 씁니다. 토스트에 올려
생크림을 뿌리면 블루베리토스트가 되고, 탄산수나 탄산음료에 넣으면
블루베리에이드가 되지요. 따로 물을 넣지 않고 오직 블루베리와 유기농
원당, 레몬즙만으로 만듭니다. 블루베리가 으깨지지 않도록 주의해요.

ASSEMBLE

냉동 블루베리 300g,
유기농 원당 150g,
레몬즙 10ml

RECIPE

1   냉동 블루베리를 찬물에 씻어 물기를 제거한다.

2   넓은 볼에 블루베리와 유기농 원당, 레몬즙을 넣고 골고루 버무린다.

3   냄비에 ②를 넣고 저어가며 중불로 가열한다.

4   약간 걸쭉해지면 약불에서 2~3분 더 끓인다.

5   너무 걸쭉해지지 않게 불을 끄고 한김 식혀 병입한다.

살구콩포트

460g 분량 / 냉장보관 30일

살구가 나오는 계절에 꼭 만들어두는 콩포트입니다. 생과가 냉동보다
즙이 더 많지요. 살구는 으깨지기 쉬우니 조심히 저어가며 완성해요. 너무
오랫동안 끓이면 잼이 되므로 레시피를 지켜주세요. 첨가물을 넣지 않고
만드므로 냉장보관 30일은 넘기지 않고 소진해요.

ASSEMBLE

살구 300g,
유기농 원당 120g,
레몬즙 10ml,
물 30ml

RECIPE

1　살구는 씻어 반 잘라 씨와 껍질을 제거한다.

2　냄비에 살구, 유기농 원당, 레몬즙, 물을 넣고 5분간 그대로 둔다.

3　중불에 올려 유기농 원당이 녹도록 저어가며 끓인다.

4　끓기 시작하면 약불로 낮추고 시럽이 약간 걸쭉해지면 불을 끈다.

5　그대로 병입한 뒤 뚜껑을 닫고 상온까지 식힌 뒤 냉장보관한다.

귤잼

450g 분량 / 냉장보관 30일

쿠키나 스콘, 파운드케이크 등 반죽에 필링 재료로 즐겨 넣는
잼입니다. 젤라틴 없이 귤과 유기농 원당, 레몬즙만으로 만들죠.
차가운 물에 완성한 귤잼을 한 방울 떨어트렸을 때 잼이 퍼지지
않고 뭉쳐 있으면 완성입니다. 기존의 잼과 같은 느낌을 주고
싶다면 한천가루를 활용해요.

ASSEMBLE

귤 300g,
유기농 원당 150g,
레몬즙 10ml

RECIPE

1   귤은 흰색의 속껍질까지 최대한 제거한다.

2   믹서에 ①을 넣고 곱게 간 후 체에 걸러 귤즙만 준비한다.

3   깊은 냄비에 ②와 유기농 원당을 넣고 저어가며 센불로 약 5분간 끓인다.

4   끓어오르면 중불로 낮추고 레몬즙을 넣은 뒤 걸쭉해질 때까지 끓인다.

5   불을 끄고 한김 식힌 후 병입해 냉장보관한다.

땅콩잼

250g 분량 / 냉장보관 2주

땅콩의 고소한 맛을 극대화시킨 잼입니다. 씹히는 식감을 좋아한다면
땅콩 분태를 너무 곱게 갈지 말아요. 땅콩잼은 바나나가 들어간 메뉴와
특히 궁합이 좋죠. 땅콩잼, 바나나, 캐러멜시럽, 얼음을 믹서에 갈면
땅콩바나나쉐이크가 완성됩니다.

ASSEMBLE

땅콩 분태 200g,
유기농 원당 15g,
올리브유 35ml,
소금 1g

RECIPE

1 믹서에 땅콩 분태와 유기농 원당을 넣고 곱게 간다.

2 땅콩 분태가 곱게 갈리면 올리브유, 소금을 넣고 걸쭉해지도록
   간다. 올리브유 양에 따라 농도가 달라지니 취향에 따라 가감한다.

3 ②를 넓은 볼에 담고 스푼으로 누르며 섞는다.

4 완성한 잼을 병입해 냉장보관한다.

Spread

만들기도 간단한 스프레드는 요모조모 쓰임새가 좋습니다. 크래커나 비건
과자에 펴바르거나 크림류와 섞어 무스처럼 활용하죠. 우유와 분유 없이
달콤하고 고소한 채소와 견과류로 비건 스프레드를 만들어봅니다.

비건 고구마스프레드

360g 분량 / 냉장보관 1주

삶은 고구마로 만든 스프레드입니다. 고구마는 단맛이 강해 따로 원당을
첨가할 필요가 없죠. 비거트를 넣어 고구마의 퍽퍽함도 덜해요. 삶은 고구마를
으깰 때 체에 밭쳐 눌러주면 심이 제거되어 고구마무스처럼 부드러운
스프레드를 맛볼 수 있어요. 아몬드 슬라이스는 생략 가능합니다.

ASSEMBLE

고구마 2개(300g),
비거트 60g,
아몬드 슬라이스 1g

RECIPE

1   고구마가 반 정도 잠길 만큼 물을 부어 중불로 푹 익도록 삶는다.
2   삶은 고구마는 껍질을 벗겨 으깬다.
3   아몬드 슬라이스를 잘게 다져 ②에 비거트와 함께 넣고 섞는다.

비건 녹차스프레드

320g 분량 / 냉장보관 1주

유제품을 넣지 않아 녹차 특유의 쌉싸름함이 그대로 담긴 스프레드입니다.
캐슈너트를 넣어 약간 꾸덕한 질감이 나죠. 밀키하고 부드러운
녹차스프레드를 만들고 싶다면 코코넛밀크의 양을 조금 늘려주세요.
초코맛 디저트와 맛의 궁합이 좋아요.

 →  →

ASSEMBLE

녹차가루 30g,
캐슈너트 200g,
코코넛밀크 45ml,
유기농 원당 30g,
레몬즙 6ml, 소금 6g

RECIPE

1 캐슈너트는 물에 최소 6시간 이상 불려 체반에 밭쳐 물기를 뺀다.
2 믹서에 녹차가루를 제외한 재료를 모두 넣고 간다.
3 ②에 녹차가루를 넣고 한 번 더 갈아준다.

비건 아몬드스프레드

370g 분량 / 냉장보관 1주

아몬드가루에 오트밀밀크, 코코넛밀크를 섞어 부드러운 스프레드를
만들어요. 단맛도 은은한 조청으로 냅니다. 통아몬드로 만든다면 반나절
정도 물에 충분히 불렸다가 사용해야 부드러워집니다. 비건 과자의
샌드용으로도 잘 어울려요.

ASSEMBLE

아몬드가루 200g,
오트밀밀크 20ml,
코코넛밀크 110ml,
올리브유 30ml, 조청 8g,
소금 5g

RECIPE

1   믹서에 모든 재료를 넣고 크림제형이 되도록 곱게 간다.
2   완성한 아몬드스프레드는 병입해 냉장보관한다.

Syrup

깊은 맛과 향을 더하는 수제 시럽도 미리 준비합니다. 초콜릿,
민트, 홍차, 흑당, 바닐라 다섯 가지 시럽만 있으면 무궁무진한 비건
카페메뉴를 만들 수 있죠. 틈틈이 만들어 냉장실에 두고 사용합니다.

흑당시럽

390ml 분량 / 냉장보관 15일

색소를 입혀 만든 흑당이 아닌 유기농 마스코바도로 만든 시럽입니다.
마스코바도를 녹일 때는 젓지 말고 가만히 두어야 완성 시 시럽이 굳지 않아요.
흑당파운드케이크는 물론 흑당 음료와 쿠키도 손쉽게 만들 수 있어요.

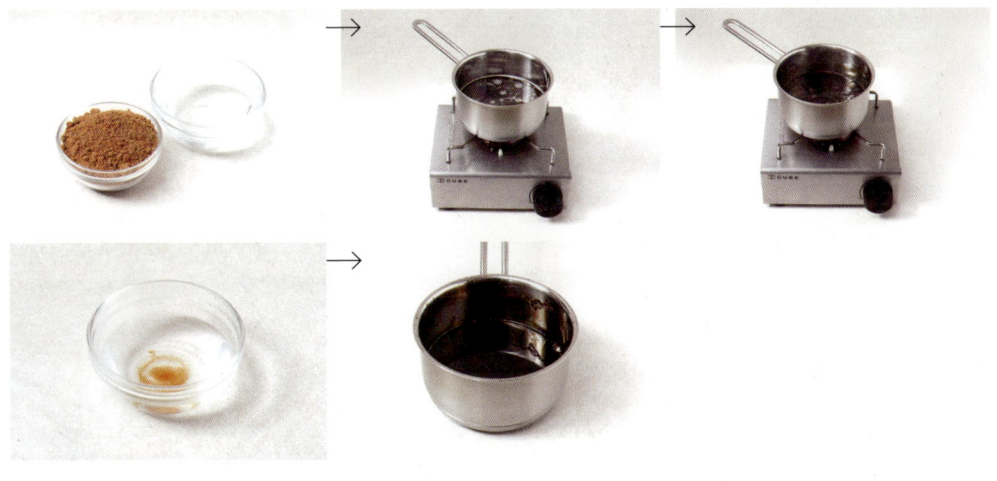

ASSEMBLE

유기농 마스코바도 200g,
물 190ml

RECIPE

1   냄비에 물을 먼저 붓고 마스코바도를 넣어 약불에서 15분 이상
    끓인다. 이때 젓지 말고 그대로 두어야 결정이 생기지 않는다.

2   찬물에 ①을 한 방울 떨어트렸을 때 퍼지지 않으면 불을 끈다.

3   한김 식혀 병입해 냉장보관한다.

민트시럽

440ml 분량 / 냉장보관 15일

색소를 넣지 않은 시럽입니다. 흔히 떠올리는 민트시럽의 색은 인공색소를 넣고 만든 색이죠. 실제 민트를 우리면 특별한 색이 나오지 않아요. 컬러보다는 민트향이 은은하게 감도는데, 민트잎은 향이 강하다 싶을 만큼 충분히 우려야 민트향이 제대로 납니다.

ASSEMBLE

민트잎 40g,
물 250ml,
유기농 원당 150g

RECIPE

1 냄비에 물을 붓고 끓어오르면 불을 끄고 민트잎을 넣어 우린다.

2 충분히 우러나면 민트잎만 체에 거른다.

3 냄비에 ②와 유기농 원당을 넣고 한 번 섞어 중불에 올린다.

4 원당이 다 녹으면 불을 끄고 한김 식혀 병입한다.

비건 다크초콜릿시럽

300ml 분량 / 냉장보관 15일

일반 초콜릿시럽에는 우유가 들어간 제품이 많죠. 우유 대신 두유를 넣고
비건 다크초콜릿시럽을 만들어요. 초코라떼, 모카라떼 레시피에서 빠지지
않는 핵심 재료예요.

ASSEMBLE

커버추어 다크초콜릿 50g,
두유 100ml, 물 45ml,
유기농 원당 100g,
조청 5g

RECIPE

1   냄비에 커버추어 다크초콜릿을 제외한 재료를 모두 넣고 중불에서
    끓인다.
2   끓어오르면 불을 끄고 커버추어 다크초콜릿을 넣는다.
3   커버추어 다크초콜릿이 모두 녹을 때까지 젓는다.
4   한김 식혀 병입한다.

바닐라시럽

390ml 분량 / 냉장보관 15일

바닐라시럽은 마치 요리의 소금처럼 다양한 메뉴에서 쓰이죠. 메뉴의
풍미를 높여줌은 물론 코코넛 베이스의 메뉴에 추가하면 강한 코코넛향을
가려주기도 합니다. 바닐라시럽을 만들 때는 반드시 바닐라빈을 반 갈라
껍질째로 용기에 담아주세요.

ASSEMBLE

바닐라빈 1개,
물 190ml,
유기농 원당 200g

RECIPE

1 냄비에 물과 유기농 원당을 넣고 골고루 섞는다.

2 ①을 중불에 올려 끓이다 수분이 날아가 반 정도 졸아들면 불을 끄고
　한김 식힌다.

3 바닐라빈은 반 갈라 시럽을 담을 용기에 넣는다.

4 ③에 식힌 시럽을 붓고 하루 이상 숙성시킨 뒤 사용한다.

홍차시럽

450ml 분량 / 냉장보관 15일

홍차시럽에 두유와 코코넛밀크를 섞어 심플한 밀크티를 만들어보세요.
홍차시럽을 만들 때는 홍차를 충분히 우려야 완성 시 홍차의 향이 확실히
느껴진답니다. 유기농 원당을 넣은 뒤에는 완전히 녹을 때까지 젓지 말고
기다려요. 저어가며 끓이면 시럽이 응고되어 딱딱해지니 주의하세요.

ASSEMBLE

홍차 10g(티백 4개분),
물 300ml,
유기농 원당 150g

RECIPE

1 냄비에 물을 끓인 뒤 불을 끄고 홍차를 넣고 약 10분간 우린다.
2 홍차가 충분히 우러나면 체에 밭쳐 거른다.
3 냄비에 ②와 유기농 원당을 넣고 약불에서 15~20분 끓인다. 이
   과정에서 절대 젓지 않는다.
4 한김 식혀 병입한다.

카
페
Vegan
메
뉴
101

2022년 1월 17일 1쇄 발행

메뉴	최태석 셰프
사진	박종혁(histudio)
푸드스타일링ㅂ	김지현
기획/편집	문영애
디자인	8ightball Studio
인쇄/출력	도담프린팅

펴낸곳	수작걸다
주소	경기 용인시 수지구 동천로64
이메일	suzakbook@naver.com
블로그	blog.naver.com/suzakbook
인스타그램	@suzakbook

ISBN 978-89-6993-041-5 14590